近代日本政党研究

―「第三党」を軸に―

前山亮吉 著

現代図書

序言

この書は、私がこれまでに書いた六つの論文からなっている。所収にあたり表現や誤記修正等の補訂を加えたが論旨には大きな変化はない。それぞれの論文の成立事情などについてはあとがきに記したのでそれをご覧いただきたい。ここでは本書が全体として有する意義について述べることとする。

近年になって政党研究は活況を示している。特に自由民主党をはじめとする現代の政党に関する、新書ないし文庫版で流通している優れた研究は枚挙するに暇はない。しかし現代の歴史的基盤たる近代の政党に関しては、升味準之輔『日本政党史論』に代表される通史的著作や政友会に関する研究を除き、必ずしも豊かなわけではない。こうした事情は様々な理由から説明を付けることができるが、最大の理由は近代日本の政党が政治主体としての正統な評価を受けてこなかったという事実にあると考える。断るまでもなく政党は「私的な政治結社」＝「徒党（faction）」として生成した。その後一八世紀末にエドマンド・バークが、「徒党」と公党としての「政党（party）」を峻別する有名な議論を展開し、やがて「政党」が公党としての正統な地位を得るに至るが、近代日本の場合には「徒党」から「政党」への十分な発展が見られなかったと考えざるを得ない（第二次大戦後の日本でも、そうした負の遺産は継続していたと考えるし、現在でも課題かもしれない）。

従って「徒党」としての政党に関する断片的な研究が蓄積されてきたのが、近代日本政党研究の実情と言える。小政党・第三党に関する若干の分析を内容とする本書も、実のところその傾向の延長上に位置することは自覚している。ただし、こうした手法で様々な問題関心から、近代日本の政党研究を積み重ねていく地道な作業を、各々の研究者が共有していくことこそ、近代日本政党史を豊かにする唯一の道でもある。その意味で、本書も近代日本政党史というオーケストラを形成する一員としての存在意義を、僭越ながら有していると考える。

それでは本書の存在意義はどこにあるか。著者が自覚しているものとしては以下の三点である。

一．小政党・会派が直面する困難及びその原因につき、積極的に解明した（第一・二・六章）

第一章では、小政党としてまずまずの働きを見せていた甲辰倶楽部の行く手を阻んだ議会運営の重要な変化（衆議院規則・慣例変更）を解明した。また第六章では、「第三党」昭和会の活動の前提となっていた院内交渉団体資格や議会慣行に基づく秩序の動揺を明らかにした。その意味では議会制度・慣例に翻弄される小政党像を提示している。

更に選挙及び党の存続というハンディに如何に立ち向かったのかを花井卓蔵・田川大吉郎の比較を通じ解明したのが第二章である。一貫して小会派に存続し選挙にも強かった花井と落選を繰り返し小会派から大政党への移籍を試みる田川との対比に、小会派所属政治家が直面した政治的現実を読み取ることが出来る。

二．政党内の意思決定につき、解明を試みた（第五章）

私的な結社である政党では官庁・議会という公的機関と異なり、意思決定の記録が存在していることは期待できない。これが政党研究の一つの大きな壁であるが、稀に史料として保存されていることがある。本書第五章はこのような僥倖によって成立した。メンバーの一人鶴見祐輔が書き残した「明政会代議士会メモ」を軸とした分析で、小政党・明政会の意思形成過程を一定程度明らかにし得た。

三．散逸している政党史料につき、整理し現状で可能な分析を加えた（第三・四章）

政友本党の機関紙『党報』は長らく散逸状態にあった。その状態を克服するために、可能な限り利用できる『党報』を探索しその目次紹介を行なうとともに、そこから読み取れる党の性格・政務調査などの組織活動、さらには地方組織の形成過程を跡付けた基礎研究が第三章である。また第四章では、国立国会図書館で新たに整理され公開された『党報』を活用し、幹部の役割分化・党務委員会の活動・党地盤の把握調査・「床次会」を活用した党勢拡張プロセスを分析し「政党マシーン」としての政友本党の実像を解明した。利用『党報』の目次は第三章と同様に紹介した。

以上が自覚している意義であるが、自覚していない意義もあるかもしれない。例えば頻出する床次竹二郎の人物研究としても新しい視点を提供できるかもしれない。本書の論文は個別の形で、主に研究者を読者として想定する媒体で発表されたため、断片的にしか内容が流通していない。この度一書にまとめることで、近代日本政党史の内容を少々豊かにし、同学の士が自らの研究を進められるうえで、幾許かの参考として頂けることを希望する。

明治・大正・昭和戦前期に跨る本研究を継続してきて、今ある種の感慨を覚える。その感慨をやや誇張した表現でまとめるならば「小政党ないし第三党の生成は、日本政治において永遠に不滅」という認識である。単に政治史においてのみならず、現在の政治状況を考えるうえでも小政党ないし第三党の存在をいかに考えるかは避けて通れない問題である。「政治の実験室」としての政治史の役割を担う本書が二一世紀（令和）の日本政治を考えるうえで何らかの比較材料となれば幸いである。

著者

目次

第一章　甲辰倶楽部と日露戦時議会

序　本章の課題

日露戦争遂行中の明治三七・八年に召集された第二十、二十一帝国議会は政府の戦争遂行方針を満場一致で支持し、戦費捻出のための増税案を承認した議会として著名であり「日露戦時議会」と呼ばれている。このような議会内での「城内平和」を可能にした条件としては衆議院多数党の政府への協力姿勢が顕著であったことが指摘されている。すなわち政友会・憲政本党の二大政党と桂太郎内閣（第一次）との提携がこの時期の基本的な政治状況を規定しており、その提携がその後の「桂園時代」にみられる政友会と藩閥の政権交代を可能とする相互の信頼関係を形成したと説明されてきた[1]。

しかし当時の衆議院の勢力は単純に政友会・憲政本党優位とはいえなかった。すなわち、明治三五年から三七年にかけて三回も総選挙が執行され議会の諸党派の勢力は動揺していたのである。その動揺はとりわけ政友会に顕著であり明治三五年八月の選挙で一九一名と衆議院の過半数（定数は三七六・但し明治三七年三月総選挙より三増）を占めた政友会が二度の選挙の結果一三〇名とその勢力を激減させていた。憲政本党の議席は八〇–九〇台と横這いを続けるなかで二大政党に所属しない「中立勢力」は着実にその議席を拡大し、明治三七年三月の第二十帝国議会では帝国党一九名・甲辰倶楽部三九名・無名倶楽部二四名・自由党二一名・無所属五五名と一五八名を数え衆議院の三分の一を上回り無視し得ない勢力であった。しかし「中立勢力」は自らのキャスティング・ヴォートを発揮することなく特に第二十一帝国議会で二大政党の後塵を拝することとなり、なかでも最大党派の甲辰倶楽部はその間一二名の脱党者を出した。本章はその理由を第二十一帝国議会冒頭での二大政党のイニシアティヴによる衆議院規則・慣例変更の断行に求め、これらの制度改正の結果小政党がたどった運命を最も影響の大きかった甲辰倶楽部に着目したどるものである。したがって本章は小政党の目からみた「日露戦時議会」史の性格を有している。

甲辰倶楽部を検討の対象とするもう一つの理由は、同時期の他の小政党に比べ甲辰倶楽部に関する情報が乏しいと考えるからである。帝国党は明確な政府党であり、無名倶楽部（第二十一帝国議会より同攻会 ※本書第二章参照）は個性派代議士の倶楽部であり、[2]自由党は政友会脱党者の足場であった。しかし甲辰倶楽部は単に中立代議士の集団とみなされており倶楽部としての個性を見い出すことが困難である。「最も雑駁なるは甲辰倶楽部にして世人は之を目して政府党の一部と為す」[3]と『太陽』は評したが、今日の甲辰倶楽部の評価もこれを引き継ぎ、甲辰倶楽部の「吏党」性が強調されている。[4]確かに「日露戦時議会」で甲辰倶楽部所属議員がなした重要な議事は、小河源一代議士による秋山定輔（無名倶楽部）露探問題の追及であった。秋山問題の拡大に関しては大浦兼武元警視総監の関与が濃厚であり、[5]議会での行動に甲辰倶楽部の「吏党」性を見ることは自然である。しかし秋山問題は議会活動全般から見れば突発的な問題であり、この事実のみから甲辰倶楽部の性格を決定することは当を失すると思える。したがって本章は甲辰倶楽部の性格規定は当面留保し、新聞報道を主要資料として(6)「日露戦時議会」での主要問題である煙草専売法案・戦時増税法案への甲辰倶楽部の対応を検討し、あわせて倶楽部の制度・組織・人事を解明することをめざす。

第一節　第二十帝国議会と甲辰倶楽部

（一）大政党主導の議会運営と小政党の抵抗

河野広中衆議院議長の弾劾奉答文朗読というハプニングにより急遽執行され、日露開戦を間にはさんだ第九回総選挙の結果はいずれの政党にも議会過半数の議席をもたらさなかった。すなわち政友会・憲政本党・中立勢力が議会をほぼ三分したのである。いわゆる「御用新聞」はこの結果を政友会の衰退・中立勢力の躍進と位置付け、例えば『国民新聞』は次のように論評した。

昨年三月一日の総選挙に於て最も多数を占めたのは、実に政友会なりき。当時吾社の計算したる所によれば、一百八十七人にして、之を三十五年八月十日の総選挙の結果一百九十三名に比すれば、聊か其の数を減じたりと雖も、未だ今回の如く甚だしきを見ず。何となれば今回に於ては、政友会は、多数は則ち多数なれども、一百三十一名に過ぎざれば也。（中略）之を要するに政友会は、僅々たる十二個月に於て、実に五十六名を減じたり。

若し夫れ政友会の失ふたる所は、中立者の得たる所ろ也。今回の如く多数の中立者を見たるは、未だ是れあらず。何となれば其の数百十五人にして、全数の三分一弱を占むれば也。(7)

また『日出国（やまと）新聞』は「小党分立」と題する論説で、この選挙の結果は政党の信望の凋落を意味すると次のように述べた。

今日の政党なるものは其地盤頗る脆弱にして、其結合力亦甚だ薄く、離合集散朝夕を測らず、加ふるに中央の指導収覧数々其道を誤り、其党派の信望なるもの殆ど将に地を掃はんとす（中略）且つ政党の制裁力は極めて微弱となり、脱党除名の如き其進退出入、逆旅の過客を送迎すると、寧ろ相択ぶところなからんとす、今にして大に振刷する所なくんば、政党界は益々衰削するに至るべし。(8)

これらの記述は客観的事実とも符合し、単に「御用新聞」ゆえの論調とみなすことはできない。すなわち明治三六年第十八帝国議会での地租増徴案をめぐる伊藤博文政友会総裁と桂首相との妥協に対する不満から政友会は脱党者が相次ぎ『国民新聞』が述べるように議会の過半数を失っていた。[9] その後伊藤が枢密院議長にまつりあげられ、政友会総裁を西園寺公望と交代したことは周知の通りである。過半数を失った政友会はかつての「民党連合」の相手である第二党の憲政本党との提携を回復することをめざしたが、憲政本党の内情は大石正巳をはじめとする政友会との合同を企図するグループとそれに反対する鳩山和夫らのグループとに分裂しており、政憲提携にも不安定な要因が存在していた。[10] 政憲提携が不調に終われば政友会が議会での主導権を喪失する可能性は充分存在していたのである。

この危機を切り抜けるためにあくまでも政憲提携路線を選択したのは、原敬（当時政友会総務委員）であった。総選挙の結果が判明した明治三七年三月四日の日記に、原はまず次のように記した。

政友会の当選者党籍にある者百三十三名、准政友会を合すれば百四十五名を得たり、解散当時に比して二十名以上の増加なり。[11]

翌五日、原は憲政本党の窓口である大石を訪問し「今回は戦時中に付大体に於て政府案を賛成せざるを得ざる」と提携をもちかけ、大石もこれに同意し、あらかじめ政府と政憲両党が協議し議会運営の大勢を決定することを原に提案した。[12] 他に正副議長人事を打ち合わせた原は六日には井上馨に会い、桂首相への斡旋を依頼し快諾を得た(13)。さて桂からの返答は一三日に林田亀太郎衆議院書記官長を通じて原に伝えられたがその内容は政友会・憲政本党だけでなく衆議院各派の代表者との同時会見を希望するものであった。これに対して原は「吾々の曾て申込たるは政進両党の事にて政府に於て各派同時とあれば強て之を否まざるも余等の意思にはあらず」と難色を示した(14)。中立勢力を含めた全会派の合意による議会運営ではその中に政友会は埋没することになる。原はあくまでも大政党による議会主導権を追求した。井上らの説得もあり結局桂は政憲代表者と中立勢力にそれぞれ別の日に会見することに同意し、三月一五日中立勢力より先に原・大石らと会見した(15)。

以上の経緯から、第二十帝国議会の大勢は大政党の意思通り決したかのようにみえた。しかし実際の議会運営は政憲提携の不安定さを示し、それはまず議会冒頭の正副議長選挙で表面化した。すなわち政友会は松田正久を議長候補にすることで一本化していたが、憲政本党は前にみたように分裂状態であり党首脳が箕浦勝人を副議長候補としたのに対し、政友会との提携反対派はあくまでも議長を憲政本党から出すことを主張し鳩山和夫を候補に推した(16)。その鳩山擁立の動きに中立勢力も参加する構えを見せ(17)、事態は予断を許さなかった。結局当初の予定通り松田議長・箕浦副議長が選出されたが、原の日記が次に示すように政憲提携の前途は多難であった。

然るに議場にて議長候補者として鳩山を投票する者多く松田は僅かに三十余票の多数にて当選せり、是れ進歩党中の一派と中立無所属の一派が投票せしに因る、進歩党の内部一致せさるの実を証せり。[18]

更にこの議会の焦点となった煙草専売法案の修正をめぐっても大政党の主導権に疑問符がつけられた。同法案の修正の要点は専売に伴う煙草業者への補償額であった。政府原案は所得高の三年分補償であったがそれに不満の業者は、補償増額実現のため各政党に圧力をかけていた。当初、政府と政憲両党との協議で所得高の四年分と修正の上可決というシナリオが想定されていたが[19]、補償額引き上げに対する世論の反発[20]をうけ政友会内部にも動揺が見られたため三月二一日、原は桂首相と会見し政府原案支持の方針に戻ることを確認し、翌二二日には大石との合意も取り付けた。[21]しかしこの新たなシナリオも頓挫することとなった。すなわち三月二五日の同法案特別委員会（政友会一〇名、憲政本党七名、帝国党一名、甲辰倶楽部二名、無名倶楽部三名、自由党一名、無所属三名、計二七名）は補償額を「売上高の二割」と大幅に修正した。[22]翌二六日、桂首相は原、大石に再度政府原案支持を求め、原はその方針を党内に徹底することに努めた[23]が、三たびシナリオは崩壊した。同日の本会議では煙草専売法案の議事を延期するはずであったが、東尾平太郎・福井三郎（ともに憲政本党）、本出保太郎・久保伊一郎（ともに甲辰倶楽都）、大竹貫一（無所属）が次々と異議を申し立てたため急遽審議され[24]委員会修正通りに煙草専売法は衆議院を通過した。

以上みたように第二十帝国議会に於ける政友会・憲政本党間の提携による議会運営は機能不全におわった。その理由には大政党内部の不統一と小政党の活躍があげられる。すなわち小政党の集合である中立勢力は重要案件でキャスティング・ヴォートを握り大政党をおびやかす力を有していたのである。甲辰倶楽部はその一角であった。

（二）甲辰倶楽部の組織と活動

ア．所属議員の検討

甲辰倶楽部については従来、第十九帝国議会当時存在した中立議員の団体である中正倶楽部と交友倶楽部とが合体したものであるといわれてきた。[25] しかしその説明は同義反復にとどまっている。ここでは所属議員のキャリア（旧所属党派も含む）出身地・職業に関し検討を加え、併せて甲辰倶楽部の組織に関する素描を試みる。まずキャリアの問題であるが、結成当時の三九名についてみると当選一－三回の議会経験未熟（過去三年間に三回の解散がなされていた）な議員が三四名（うち初当選議員一三名）とその大半を占めていることが第一の特徴である。但し初当選議員といっても地方議員等その政治歴は長い者が多い。例えば長野選出の南條吉左衛門について『信濃毎日新聞』は「南條氏は初期以来選挙を争たる敗軍の将なりき」[26]と評している。また三重の浜田国松も二回の落選を乗り越え初当選を飾っていた。このように、代議士歴は乏しいが政治歴豊富な議員を指導する立場にあったのが残り五名のヴェテラン議員であった。列挙すると佐藤里治（山形、当選八回）・高梨哲四郎（東京市、七回）・石田貫之助（兵庫、六回）・鈴木摠兵衛（名古屋市、四回）・石塚重平（長野、四回）である。[27] 佐藤と石塚は自由民権通動の活動家であり、特に石塚は前に見た伊藤政友会総裁と桂首相との妥協に反発し政友会を除名され、板垣自由党の再興運動にもこの時期関与していた[28]。

次に旧所属党派の問題を検討する。なるほど従来の説明通りに中正倶楽部からの参加者は一二名と多いが、交友倶楽部からの参加者はわずか三名（栗原宣太郎・田中藤次郎・寺井純司）である。しかも交友倶楽部中著名な秋山定輔・大竹貫一の参加が得られていない。さらにより過去に遡ってみると元政友会員が次のようにメンバー中一二名を占めていることは注目される。

沢田佐助、横田虎彦、森秀次、栗原宣太郎、石田貫之助、久保伊一郎、鈴木摠兵衛、服部小十郎、石塚重平、寺井純司、小河源一、野尻邦基

石塚の場合にもみたように地租増徴案をめぐる伊藤博文総裁と桂首相との妥協に対する不満から政友会は脱党者が相次ぎ勢力激減の傾向にあった。従来政友会脱党組が形成した小党派として政友倶楽部（第十八帝国議会）・自由党（第二十、二十一帝国議会）といった政友会に反目した党派が着目されてきたが、甲辰倶楽部も政友会脱党組の受け皿の一つに数えられる。つまり甲辰倶楽部は中正倶楽部の中立議員と政友会脱党者と新人議員の集合体であったといえるのである。それでは中立議員と政友会脱党者とを結びつけるものは何であったか。むろん後にみるように人脈的・地縁的なつながりがあったとも考えられるが、第十九帝国議会における政府弾劾奉答文事件に対する対応が一つの手がかりとなると考えられる。

ここでは同事件直後に政友会を脱党し総選挙に臨んだ小河源一（山口、自由党以来の政友会員）の場合を一例として検討する。

明治三六年一二月一〇日に河野広中衆院議長ら「対外硬」派によって引き起された政府弾劾奉答文事件の経緯については著名であるため割愛するが、[29] 問題は同事件の処理であった。桂内閣は即座に議会解散を決定し、政友会もそれに同意したが政友会の一角には元田肇を中心に解散反対論を唱える議員がおり小河もその一人であった。すなわち一二月一二日の代議士会で小河は奉答文再議説を唱えた[30]が結局少数で否決されそれを不満として翌三七年一月九日に政友会を脱党するに至った。[31] 脱党理由は次の通りである。

予政友会の近況を熟視するに十九議会の将さに開かれんとするや其政策方針の一致を定めずして妄りに他党と提携をせんことを謀り議会唯一の重職たる議長を他党の選に譲りたり予は予め大会に於て之に反対せしも容れられず議会既に開かれ奉答文を議するに当たり議長の欺罔に陥り過て背心の議決をなせしは予輩が深く懼れ且つ慚づる所なり故に予は善後策として代議士会に再議を主張し以て議会の不敬を謝せんことを努めしに大勢之に応ぜしが如何にせん幹部の圧力は遂に予の主張を無効に帰せしめたり。[32]

このような小河の認識は中立議員とも一致していた。一二月一四日に帝国党・中正倶楽部・交友倶楽部の一部は再議主張の宣言書を発表し、政友会・憲政本党の態度を批判した。[33] 総選挙後の小党派の再組織にあたって小河が旧中正倶楽部員と同一の会派に所属したことは、奉答文事件に対する対応の一致から説明が可能ではなかろうか。更に明治三六年の政友会脱党組を中心とした政界再編成運動の際、前出の石塚重平らと会合していた中正倶楽部議員のうち森茂生・高梨哲四郎・矢島浦太郎・佐藤虎次郎[34]が甲辰倶楽部に参加したことは、この政界再編成運動で形成された政友会脱党者と中立議員の人脈が甲辰倶楽部組織の基礎となったと考えられる。

次に出身地の問題を検討する。以下、人数順に出身地を列挙する。

大阪六名、京都四名、三重四名、愛知三名、山口三名、長野三名、山梨三名、群馬二名、青森二名、大分二名、東京、神奈川、兵庫、奈良、山形、福井、岡山各一名、計三九名

まず西日本出身の議員が多数であることがわかる。さらに地域毎のまとまりがよく、次節でみる脱党も地域単位で行なわれている場合が多い。すなわち組織にあたって地縁に根ざした人脈が重視されたことがうかがえる。

最後に職業であるが[35]、前にも述べたように市議・県議などの地方議員出身者が大半を占めており、そのほとんどが実業家である。すなわち地方の有力実業家として商業会議所役員などに推され、その延長上として政界進出を決意するタイプの人物が甲辰倶楽部の主要メンバーを占め佐竹作太郎・根津嘉一郎

はその代表例である。その他の職業としては弁護士が多く、衛生行政家として議会に異彩を放っていた医師山根正次も甲辰倶楽部員であった。(36) すなわち甲辰倶楽部は実業家議員の集合体という性格も有していたのである。

以上、所属議員の観点からまとめると、甲辰倶楽部は政友会の幹部専制などに不満を持ち脱党したヴェテラン議員と政界再編成を目論む中立議員と西日本出身の代議士歴の浅い実業家議員とが中心となって組織した党派であるといえる。

イ．第二十帝国議会での活動

ここでは規約・役員と煙草専売法案への対応を紹介し、政党としての甲辰倶楽部の活動を検討する。第二十帝国議会の召集日である明治三七年三月一八日に衆議院に会派届を提出した甲辰倶楽部は同時に次のような規約を定めた。


第一条／本倶楽部を甲辰倶楽部と称す。

第二条／本倶楽部は同志の衆議院議員相会し議案及び時事問題の研究を為すを目的とす。

第三条／本倶楽部は議会召集の都度会員の互選を以て左の役員を置く。

　幹事七名。但し幹事の互選に依り一名は会計主任を兼ぬ。

第四条／本倶楽部の経費は会員の負担とす。

第五条／本倶楽部に加入せんとするものは会員二名以上の紹介を要す。[37]

即座に役員の互選が行なわれ、幹事七名と規約上の地位は不明であるが「代表者」二名、「院内幹事」三名が次のように選任された。

幹事／佐竹作太郎（当三回、甲府市）、山根正次（当三回、山口）、栗原宣太郎（当二回、神奈川）、久保伊一郎（当三回、奈良）、森茂生（当二回、三重）、森秀次（当二回、大阪）、田中藤次郎（当三回、青森）

代表者／石田貫之助、小河源一（当三回、山口）

院内幹事／服部小十郎（当三回、名古屋市）、三井忠蔵（当二回、下関市）、佐藤虎次郎（当二回、群馬）[38]

結成して日が浅い甲辰倶楽部をこれらの者がリードしていたわけであるが、半数の六名が政友会脱党者であることは先にみた所属議員の構成を反映しているように思われる。

以上規約・役員を紹介したが、次に煙草専売法問題への対応をみる。前項にみたように煙草専売法案審議の焦点は煙草業者への補償額に存していた。当初大政党と政府との協議で三年分補償を四年分に改正することで議会通過が計られていたが、『日本』などの新聞は戦争遂行にあたって戦費の献納が日本各地で行なわれている今日、煙草業者の圧力で補償額の上乗せをすることは不見識であり、「多数党の通弊」であると非難し[39]次のように小政党の奮起を促した。

両党は孰れも大政党にして相ひ連合せば院内の形勢を決するを得るも、之れに属せざる者は徒らに其の為す所を傍観して已むべきにあらず、其の為す所を是とせば則ち断じて入党すべし、是とせずんば則ち独立して勢力の発揮に努むべし。[40]

この議論に応えるかのように、甲辰倶楽部は議員総会の席で三年分補償を堅持すべきであると次のように決定した。

甲辰倶楽部にては二十二日午前九時より築地同気倶楽部に集会し戦時財政案に就いて協議したるが悉く政府案に賛成することに決し煙草専売法案に対しては賠償額を三年分となすこととなし夫より所謂露探問題に付調査する所あり午後二時過散会したり。

（前略）煙草専売法案中の賠償額を三年と為すがため三井忠蔵・佐藤虎次郎・石塚重平・小河源一・横田虎彦・服部小十郎・石田貫之助の七氏を委員として各団体に交渉したり。[41]

しかも補償金の算定基準に関して、特別委員の横田虎彦（弁護士出身）は委員会で所得高から売上高に修正する案の起草委員となり[42]煙草専売法案大幅修正に参与した。

四月二日に発表した議会報告書で甲辰倶楽部は自らの活動を次のように総括した。

政進両党の首領は壇に政府と妥協を試み原案に所謂当業者に対する報償として其の所得金額三箇年分を交付すべしとあるを故らに四箇年分に増額せんとしたり吾等は其の事情の如何を論せざるも謂れなく支出を増加するの断じて許すべからざるのみならず原案に依る所得金額を算することも亦実際に適合せずして徒らに一部少数の当業者を利するに止まり頗ぶる公平を失したるのみなるを認めたるを以て更に売上金高に応じて給付（原案交付金総額九百十万円の限度を改めず）するの至当なるを主張し委員を挙げて政府及び各団体に交渉する処あり遂に其の非理を悟らしめ纔かに過誤なきを得たるは是れ蓋し此の際に処する吾等が微衷にして而かも克く其の本意を達したるものと云ふべし。[43]

以上の検討から第二十帝国議会に於ける甲辰倶楽部は大政党主導の議会運営に反対の態度をとり煙草専売法の修正にあたっては一定の成果を収めたことが判明した。中立議員と反政友会議員が結合した甲辰倶楽部は小政党としてまずまずのはたらきを示したといえる。

さて議会終了直後の明治三七年三月三〇日の議員総会では甲辰倶楽部の存廃が議題となっていたが次のように存続が決定された。

甲辰倶楽部にては三十日議会閉会式後山下町工業倶楽部に集会し同倶楽部存廃問題に付協議し多数にて存続することに決したるも反対側なる寺井純司、田中藤次郎（共に青森）、石田貫之助（兵庫）氏等外数名は即時退会したりと云ふ。[44]

議員総会の形で多数決により重要案件を決定する甲辰倶楽部は幹部の指導力が強い大政党とは全く対照的な存在であり、それが同倶楽部の長所でもあった。しかしその甲辰倶楽部から早くも脱党者が出現していたのであった。

第二節　第二十一帝国議会と甲辰倶楽部

（一）衆議院規則・慣例変更の経緯と結果

本議会は政友会と憲政本党との協力による運営がスムーズであった事例として著名であり、日露戦争遂行にあたっての挙国一致の姿が議会でも自発的に形成されたと説明されている。しかし前節で検討したように、第二十帝国議会では政憲両党の議会運営が大政党自身の足並みの乱れと小政党の活躍で攪乱され「自発的な挙国一致」とはほど遠い姿を呈していた。第二十一帝国議会には議長選挙はなかったもののの、煙草専売法以上に重要な戦時増税法案が上程されており予算の審議も抱えていた。それにも関わらず、議会での「城内平和」を可能としたものは何であったのか。

ここでは第二十一帝国議会の冒頭で政友会・憲政本党のイニシアティヴで衆議院規則の改正がなされ従来抽籤で決められていた本会議の議席が党派別の指定席となったこと、及び議長が重要案件の特別委員を各政党から指名する慣例を廃した議会制度上の変化に着目してこの問題を考察する。なおこの件について原敬は「衆議院議席は抽籤を以って定めたるものなるも今回党派別となす事に改め去三日より実行せり[45]」と簡単に日記に記しているが、この改正の意味は原の記述以上に複雑であった。

まず本会議議席指定の変更の経緯から検討する。衆議院規則は議席について次のように規定していた。

一五条／議長ハ議長席ニ着キタルノ後書記官ヲシテ抽籤セシメ総議員ノ議席及部属ヲ定ム

一六条／議員ノ議席ハ毎会期ニ之ヲ定メ各席ニ号数ヲ付ス

明治三七年一二月一日に政友会の大岡育造・憲政本党の大石正巳ら九名によって提案された改正案は、次のように議席決定抽籤制を廃止したものであった。

一五条／議員ノ議席ハ毎会期ノ始ニ於テ議長之ヲ定ム但シ必要ト認ムルトキハ何時ニテモ之ヲ変

更スルコトヲ得
議席ニハ各号数ヲ付ス
一六条／議長ハ議場ニ於テ議員ノ議席ヲ報告シタル後書記官ヲシテ抽籤セシメ議員ノ部属ヲ定ム

本会議で緊急動議として同改正案を提出した大岡は、委員を指名のうえ速やかに審議することを求めたが、甲辰倶楽部の久保伊一郎は改正案の理由が不明であると大岡に釈明を要求した。大岡は「次第ニ我憲政モ進歩シテ参リマスルト同時ニ、此院内ヲ容易ニ整理スルヨウニ致シタイ」[46]と簡単に理由を述べ、同案は委員会審議に移された。委員会の構成は大岡・村野常右衛門（政友会）、鳩山和夫（憲政本党）、荒川五郎（帝国党）、小河源一（甲辰倶楽部）、山本幸彦（自由党）、石田貫之助（無所属、元甲辰倶楽部）、田口卯吉（有志会）、藤崎朋之（同攻会）であり、即座に審議を開始した。鳩山は一五条の「何時ニテモ」の削除を要求したうえで賛成意見を述べ、自由党の山本もそれに賛成した。しかし甲辰倶楽部の小河と帝国党の荒川は反対意見を表明した。小河は、政党別議席を採用するのであるなら常任委員の選出母体である議員の部属も政党別に変更すべきであると述べた[47]。

部属制度（議院法四条）はフランスの議会制度を模倣し、常任委員の選出母体であるとともに議員の行動・調査研究の便宜に役立つことが期待されていた[48]。しかし政党の発達により機械的な抽籤の結果各部属では大政党が多数を占め[49]、常任委員を独占するのが常態となっており小河が問題としたのはまさにこの点であった。すなわち改正案一六条では議席とは対照的に部属の抽籤制は維持されており、小河は

〈付図〉

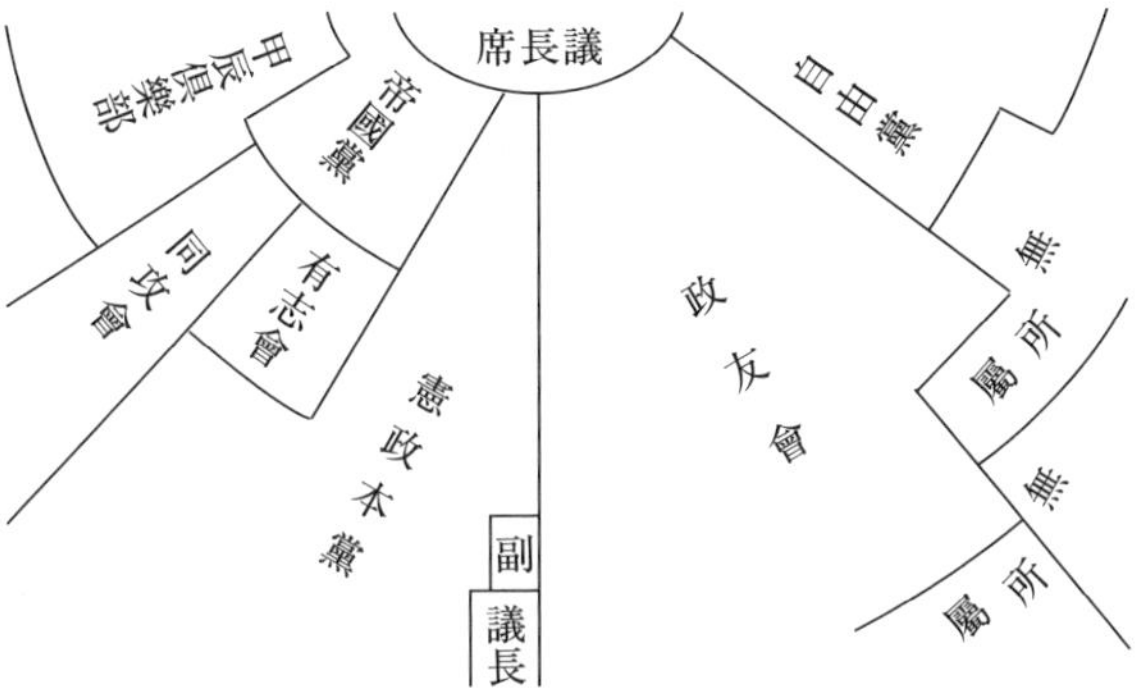

（『国民新聞』明治 37 年 12 月 3 日より）

この際、部属も政党別とし各政党から常任委員が選出できるように改善を求めた。

　小河の要望は結局採択されず、鳩山の修正案が「多数」で可決され[50]審議は再び本会議に移された。本会議では荒川・谷沢龍蔵（帝国党）、神藤才一（同攻会）が質問にたったが「起立者多数」により可決された[51]。この日を境に衆議院の議席は〈付図〉のような配置となった。そして小河の指摘通り、常任委員（予算・決算・懲罰・請願）は部属毎の選挙の結果、決算委員に甲辰倶楽部の七里清助（第二部所属）が選ばれたのを除きすべて政友会・憲政本党が占めた。

　しかも一二月三日の本会議では、非常特別税法などの戦時増税法案に関する特別委員の選出にあたって憲政本党の江藤新作は「従来多クノ場合ニ於テ、特別委員ノ選挙ハ議長ノ指名ニナッテ居リマシタガ、本日現ハレテ居ル日程ハ、真ニ重大ノ関係ヲ有ッテ居ルモノデアリマスカラ、成ルベク選挙ノ方法ヲ鄭重ニシテ、各部ニ於テ選挙致シマシテ、後全数ヲ通算スルコト一致シタイ(52)」と衆議院規則六三条一項の厳格適用を求め、特別委員も大政党で独占する意向をほのめかした。これに対して有志会の島田三郎は、議長が特別委員を各党派から指名する「十年来違ハザル慣例(53)」をなぜこの戦時議会で廃止するのかと、続いて甲辰倶楽部の小河源一が、この措置は「無益ナル不公平(54)」を生みだすだけであるとそれぞれ反対意見を述べた。それに対し憲政本党の鳩山和夫は特別委員の選挙は別に慣例違反ではなく、大政党が委員の大半を占めることは「政進二党ノ人ハ自分ノ党派ニ居ル人ガ、今日ノ政治世界ニ立テハ一番適任者デアルト思ウノデアル(55)」から自然なことであると賛成意見を述べた。江藤の提案が「起立者多数」で可決された後、休憩が宣告され特別委員の選挙の結果、すべての委員を二大政党が独占した。再開後の議場風景について『東京朝日新聞』は「政進両党の外議員の残留者なかりしも亦一奇観なりき(56)」と伝えた。

以上、衆議院規則・慣例変更の経緯をたどったが、大政党のイニシアティヴで達成された政党別議席・特別委員の独占は、二大政党中心に議会運営がなされる実態を戦時議会を機会に制度化したものと当時の新聞にうけとめられた。例えば『時事新報』は、政党の力が強大になっていくのにつれて議会が各党派の議席数を基準に運営されるようになるのは自然な姿であり、ようやく英国の議会に近づいたと評価すると同時に大政党の自重を求めた(57)。『東京二六新聞』もこの結果を評価するとともに諸外国の議会が座席の左右によって党派の思想的位置をも標示していることを紹介し、更なる改善を要望した(58)。以上の評価が存在する一方、議会での一連の動きは小政党の圧迫を意味するとみなす批判的な論調が『日本』

を中心に見られた。一二月二日の「衆議院の議席」と題する論説は初期議会当時政党への不信感から議席抽籤制が採用されたと説き、政党別議席となったことは政党への信頼が高まったことであると指摘しつつ、議場の雰囲気は著しく多数党に有利なものになると次のように観測した。

党派別にて最も利を得るは比較的大なる政党にして、是れ啻に党内打合せの便利なるのみならず、準党員の去就を促がし、且つ党勢を事実に表示するを得べし。小党に至りては己の微弱なるを証明するの恐れなからず、特に擬勢を張り策略を施さんとするに於て、少からざる不便を感ぜん。[59]

当時の論調は議会政治の発展の観点から政党の成長を評価しつつ、大政党が「数の暴力」を振るうことに対する危惧感を併存させた両義的なものであった。そして危惧感の強い立場からは小政党の発言の確保が要求された。

さて当の小政党は如何に大政党優位の議会運営に対抗したか。五日の『東京朝日新聞』では小政党が帝国党を中心に結束し「中立倶楽部」を設立し大政党に抵抗する企図が報道されていたが、[60]それぞれの足並みが揃わず実現しなかった。小政党は次に唯一の発言の機会である本会議で代表質問者による戦時増税法案の徹底審議を企図したが、[61]一五日に中立議員代表者招待会で桂首相が満場一致による議会通過を要請したことへの対応で再度足並みの乱れが生じた。[62]結局一七日の本会議では大縄久雄・田口卯吉・浅野陽吉・島田三郎・小林仲次（いずれも有志会）、鈴置倉次郎・望月小太郎・板倉中（いずれも同攻会）

が質問したにとどまり[63]、本会議は「増税各案並に予算を一瀉千里の勢にて可決[64]」した。

重要案件が通過して大勢が決した後、衆議院は政府及び議員提出諸法案審議を行ない、これらの審議にあたっては議長指名による各党派からの特別委員選任という従来の慣行は維持された。これらの場で小政党はとりわけ地方制度の改革問題に積極的であり、郡制廃止法律案をも委員会段階では可決させたが、第二読会は開かれなかった[65]。議会全般にわたって大政党の威力は遺憾なく発揮されたのである。

大政党の圧倒的優位に直面した小政党所属議員のなかからは、自党の将来を危ぶみ且つ自らの政見が実現できない不満から脱党し大政党に移籍する者が現れた。無名倶楽部に所属し第二十一帝国議会の直前に政友会に入党した立川雲平（長野）はその際「孤立せる一議員が言論を擅にして名を衒うが如きは元より邦家に利益なく又小生の本志にあらず候、此の場合是非とも政党の力により政見実行を試申度存居候[66]」と述べた。中立議員と政友会脱党者の寄合所帯であり、組織上からも結束が重視されていない甲辰倶楽部はこのような危機にいかに対処し且つ議会活動を行なったのか。

（二）甲辰倶楽部の活動と解体

甲辰倶楽部は議会での活動を中心とした団体であるため、明治三七年三月三〇日に第二十帝国議会が閉会してからはとりわけ目立った活動はない。但し桂首相ら閣僚が諸政党代表と夕食を共にする「官民懇話会」には佐竹作太郎が倶楽部を代表して出席していた[67]。したがって同年一〇月下旬に関西在住甲辰倶楽部代議士によって懇親会が開催されたのが倶楽部としての久しぶりの活動であった。この懇親会は来る議会の準備の目的で開かれたものであるが『大阪毎日新聞』によれば次のように党勢拡張をも目ざしたものであった。

本年三月在京中立派の代議士に依りて組織されし甲辰倶楽部は京都、大阪の代議士を以て其首脳となし（中略）諸氏専ら斡旋して拡張を謀り居れるが左なきだに稍衰弱の余弊に陥れる。既に京都、大阪、和歌山、兵庫その他各府県の政友会、憲政本党代議士等にして今期議会において事実問題については互に気脈を通じ、同倶楽部員と運動を共にせんことを約束し居るものもありとのことなり(68)。

倶楽部以外の出席者を期待して一一月五日に懇親会が開かれた。しかし出席者は甲辰倶楽部代議士一一名のみであり、徴税問題に対する挙国一致の方針を確認したにとどまった(69)。前節末でみたように甲辰倶楽部はその存続問題で三名の脱党者を出しうち一名が党代表でありヴェテラン議員の石田貫之助であったことは倶楽部の将来に影をおとしていた。

一一月二八日召集の議会に備え一一日に桂首相主催の予算内示晩餐会が開かれ、山根正次が倶楽部を代表して出席し、それをうけ甲辰倶楽部は協議会を一八日開き山根の報告を聴くと同時に各代議士の上京を促した。[70] そして二六日には役員を中心とした代表が曾禰大蔵大臣を訪問し、増税案の説明を聴取した。[71] これらの準備を経て二七日の総会で次の事項が決定された。

出席者廿余名にて大井ト新年長の故を以って会長席に就き会員全体を六部に分ち税目を分担して調査を遂げたる上更に総会を開きて報告することに決し、次に諸般の財源及予算を調査するため各六名の委員を設くることに決し尚選挙法改正に関し二三の議論ありたる後散会せり。[72]

決定された分担・委員名は次頁〈別表〉の通りであるが、一覧して甲辰倶楽部員全員参加による政策決定が強く意識されていたことが理解できる。翌日の議会開会に際して「年長者三名[73]」の協議によって役員が次のように改選された。

幹事／佐竹作太郎・山根正次・栗原宣太郎（以上留任）・横田虎彦（当三回、大阪市）・鈴木摠兵衛（当四回、名古屋市）・内貴甚三郎（当一回、京都市）・南條吉左衛門（当一回、長野）

院内幹事／服部小十郎・三井忠蔵・佐藤虎次郎（以上留任）・小河源一（代表者からの横すべり）・大戸復三郎（当二回、岡山市[74]）

今回は「代表者」二名のポストがなくなったが、院内幹事がその分増えていた。また初当選議員二名

＜別表＞　第二十一帝国議会甲辰倶楽部政務調査割り当て

第一部（地租、営業税）
　鈴木摠兵衛・三輪猶作・佐竹作太郎・是永歳太郎・三井忠蔵
第二部（所得、酒、砂糖消費税）
　栗原宣太郎・天野薫平・佐藤里治・南條吉左衛門・井上與一郎・林小参
第三部（登録、取引所、狩猟免許、鉱業税）高梨哲四郎・根津嘉一郎・浜田国松・服部小十郎・芦田鹿之助・野尻邦基
第四部（売薬営業、印紙、輸入税）
　矢島浦太郎・山根正次・小河源一・大井卜新・森茂生・七里清介
第五部（織物消費、通行税）
　片山正中・本出保太郎・森秀次・星野長太郎・内貴甚三郎・久保伊一郎
第六部（相続、塩専売税）
　福島宜三・石塚重平・大戸復三郎・佐藤虎次郎・奥村善右衛門・横田虎彦
財源調査委員／三井忠蔵・南條吉左衛門・高梨哲四郎・矢島浦太郎・星野長太郎・大戸復三郎
予算調査委員／鈴木摠兵衛・佐藤里治・服部小十郎・小河源一・片山正中・佐藤虎次郎

（『東京朝日新聞』明治37年11月28日より）

が役員に起用されたことが目をひく。

しかし役員の選任後、林小参（愛知）が二八日付で政友会へ、沢田佐助（大阪市）が一二月二日付で市選出代議士の新会派である有志会へそれぞれ所属を変更したことで、甲辰倶楽部は三四名となっていた。[75]

以上の陣容で甲辰倶楽部は第二十一帝国議会に臨んだのであるが、前にみた衆議院規則・慣例の変更により議会冒頭から事実上小政党の発言権は政友会・憲政本党によって剥奪された状態にあり、甲辰倶楽部も戦時増税法案に対する意見を表明する場を失ったので

ある。しかし甲辰倶楽部としての増税案審議は続行され、例えば一二月五日の総会では次のような修正案が決定されていた。

地租／市街宅地百分の二十、郡村宅地百分の十、其他百分の五・五
（原案はそれぞれ百分の二十五・五、百分の十・五、百分の三・六。政府と大政党の妥協案は百分の十七・五、百分の五・五、百分の三で可決）

印紙税／一千円未満三銭、一千円を増す毎に二銭増徴
（原案は一千円以下一銭、それ以上は金額毎に約倍増、結局原案可決）

小切手印紙、行政訴訟印紙税は否決（結局原案可決）(76)

戦時増税案には税率引き上げ案と新税設定案が併存しており、甲辰倶楽部が反対した小切手印紙・行政訴訟印紙税は新税であった。全般的に小政党はこれらの新税に批判的であり(77)、甲辰倶楽部もそれと同一の傾向を示していた。以上のように甲辰倶楽部では議会での発言の有無にかかわらず整然と政務調査がなされていたのである。この政務調査を生かす最後の場として本会議での質疑があり、当初中立勢力は結束し代表質問者を用意する構えをみせていたが、桂首相の懐柔により足並みに乱れが生じたことは前項にみた通りである。結局一二月一七日の本会議では政府との対決姿勢を明白にした同攻会と有志会が反対質疑をなしたにとどまり、甲辰倶楽部では佐藤虎次郎が塩専売法採決に反対する意見表明を求め

議長に制止されたのが唯一の発言であった。[78] 戦時増税法案に対する甲辰倶楽部の政務調査はいわば倶楽部内での自己満足にとどまったのであり、この日を境に脱党者が目立つようになった。すなわち、一七日付けで院内幹事の佐藤虎次郎（群馬）と幹事の栗原宣太郎（神奈川）・浜田国松・森茂生（共に三重）の四名が所属を無所属に変更し甲辰倶楽部所属代議士は三〇名となった。その後も一二月二一日に天野薫平（山梨）が無所属に、二八日に根津嘉一郎（同）が憲政本党に、更に大井卜新（三重）が政友会に移籍した。このうち根津の脱党には根津・佐竹作太郎の議員資格審査の問題が絡み、ここでも小政党代議士の窮状が現れていた。

すなわち一二月二八日の本会議で、新潟電燈監査役の白勢春三議員（無所属）は衆議院議員選挙法一三条二項の「政府ノ為メ請負ヲ為ス法人」の役員に該当し、議員資格は剥奪される旨の大審院判決が議長により報告され、白勢の失格が確定していた。[79] 東京電燈の取締役である根津と社長である佐竹にとってこの判決は自らの議員資格が議会で問題とされることを予感させるものであり、その予感は萩野左門議員（無所属）の審査請求で現実のものとなった。[80] 以上にみたように議会の主導権は政友会と憲政本党によって握られており、根津・佐竹の議席維持は両党の意向次第であった。このようにみると根津の突然の憲政本党入党は審査請求を乗り切るための手段であったと考えられる。また甲辰倶楽部の幹部である佐竹も政友会に対して了解工作を行なっていたようであり、『東京朝日新聞』のコラムでは「某代議士」の談として「根津と佐竹も政進両派に泣き附いたからは両派の和尚も万更見殺しにもせぬであろうよ」[81] と伝えている。但し佐竹は甲辰倶楽部にとどまっていた。さて資格審査特別委員一八名は戦時増税法案の場合と同様に議長の指名ではなく選挙で決定され、二大政党が独占した。そして三回の委員会審議の結果、根津・佐竹の議員資格を認定する決定がなされた。[82] 根津・佐竹は二大政党によってその議員生命を保ったのである。また甲辰倶楽部のなかには星野長太郎・本出保太郎・久保伊一郎のように長期請暇をとり、年明けの議会に出席しない議員が居た。[83] この三名とここまでの脱党者一二名を差し引くと甲辰倶楽部の実勢力は二四名となっており、『日本』は「甲辰倶楽部は早晩瓦解すべき模様あり」[84]と報じた。

しかしその後も甲辰倶楽部議員による議員提出法案・建議案はみられた。[85] そのなかでも横田虎彦外一名による郡市町村会議員選挙に関する法律案（衆議院議員選挙法と同一罰則を適用する）と、小河源一提案の府県制中改正法律案（人口一万人以上の町を独立の選挙区とする）は地方制度史の文脈上重要である。すなわち横田の案は「酒食の饗応」を地方議員選挙でも禁止せよとする趣旨であり、小河の案は商工業者の代表を選出可能にするため府県会議員定数を増加する構想であった。この議会では無所属・政友会の一部議員を中心に郡制度・郡役所廃止案も提案され、地方制度の見直しが公式に論議されはじめており、いずれの案も委員会では可決されていた。[86] しかし政府・大政党の大勢はこれらの提案に一定の理解を示したものの時期尚早であるという観点から、いずれの案も本会議で否決あるいは審議未了とした。この次の二十二・二十三帝国議会で政友会により郡制廃止が強く主張されたことは周知の通りであり[87]地方制度史上これらの小政党議員による提案に先駆性をみとめることは可能であろう。しかし当時ではその先駆的な提案は無力であった。しかも甲辰倶楽部議員のなかでも意見の統一がみられなかったことは本会議での郡制廃止法律案審議延期の可否に関する記名投票でクロス・ヴォーティングが行なわれたことでも明らかである[88]。

議会後半での甲辰倶楽部の活動は以上のような個人単位の単発的な提案であった。議会終盤から小政党合同の動きは再度表面化し、二月一九日の懇親会・三月一日の協議会を経て、帝国党・自由党・甲辰倶楽部・有志会の各派からの代表による中央通信所の設置が決定された[89]。党勢上から行き詰まりの状態にあった甲辰倶楽部は大政党への吸収合併を選択せず、さらに脱落者を出しながら[90]同年一二月の大同倶楽部の結成につながる小政党合同の途を歩むこととなった。三月二日の柳橋柳光亭での総会が甲辰倶楽部としての最後の活動になったようである[91]。管見のところ甲辰倶楽部の第二十一帝国議会報告書は存在していない。

むすび

以上の検討の結果、序で設定した二つの課題、すなわち大政党主導による議会運営の確立と小政党の運命の問題、および具体例として検討した甲辰倶楽部の政党としての性格の問題に関して考察を加え得る地点に到達した。

まず議会運営の問題について検討する。従来「日露戦時議会」は各党派の自発的な政府協力が調達された議会であるとみなされていた。しかし、その直前の第十九帝国議会で生じた政府弾劾奉答文事件は議会がいかに不安定であるかを露呈し、総選挙の結果も議会に過半数勢力を創出しなかった。そこで政友会・憲政本党の二大政党首脳は相互の提携と政府への協力で第二十帝国議会の主導権を掌握することをめざした。しかし議会の重要問題である煙草専売法案審議に際して大政党内部の統制の緩みとキャスティング・ヴォートを握った小政党の活躍により両党首脳の意図は大幅な変更を迫られた。しかし第二十一帝国議会冒頭の衆議院規則・慣例の変更で情勢は一変した。議席を政党別にしたことは議場に於ける大政党内部の統制を強め(92)、選挙による多数決で重要案件の特別委員を任命することは委員会での小政党の活躍の場を剥奪した。前議会での大政党主導の議会運営の実現を妨げた条件はここに清算された。この議会で自らの無力さを露呈した小政党は一部を除いて(93)合同の途をたどり明治三八年一二月に大同倶楽部を結成した。

しかもこの衆議院規則・慣例変更は単に大政党による議会掌握の道具にとどまらない意味を有していた。すなわちこの議会改革は近代日本における議会制度の成長に対応するものであった。政党別議席は議会は政党単位で運営されるという常識を具現化したものであり、重要案件の特別委員を厳格な手続きにより選出することは立法量の増大に伴い議会審議の中心が本会議から委員会へと移行する議会発展の過程(94)を体現したものであった。「日露戦時議会」は、単に挙国一致が調達された議会としてではなく、近代日本議会制度史上の画期として記憶されるべきものである。

次に甲辰倶楽部の性格に関して検討を加える。従来、甲辰倶楽部は一部議員と桂首相との親交(95)や秋山定輔露探問題の追求の先鋒であったことを根拠に政府党の色彩が濃厚であるといわれてきた。本章は甲辰倶楽部の評価をひとまず留保し、その実態の分析を行ないその結果次のような知見を得るに至った。まず結成当時の議員三九名の構成をみると中立議員・政友会脱党者・新人議員がそれぞれ三分の一ずつを占めており、とりわけ政友会脱党議員には大政党の幹部専制への強い反発がみられた。したがって甲辰倶楽部の運営は倶楽部所属議員の総意を重視したものであった。すなわち所属議員の三分の一は役員であり、議会での重要議案に対する態度は全議員の分担による調査がなされた後、総会の場で決定された。また第二十帝国議会直後には総会で倶楽部の存続の可否さえも議論されていた。そして重要議案に対する決定の内容をみると甲辰倶楽部としての修正意見が明確に示されており、政府案への全面的賛成が常態である政府党とは一線を画している。以上まとめると、甲辰倶楽部は既成政党にみられる幹部専制・政府への追従などの弊害を批判した地点から出発した政党であったといえる。しかしこの特長は、大政党優位の議会運営が確立し小政党が存続の危機にたたされた第二十一帝国議会で弱点に転じた。すなわち甲辰倶楽部の柔軟な組織は脱党者を続出し、議会終盤にはもはや党としての体を成してはいなかった。

党内の統制を意識せず政府とも距離を保った甲辰倶楽部という小政党は「日露戦時議会」という近代日本議会制度史上の画期においてあまりにも反時代的な存在であった。しかしその反時代性ゆえに当時の既成政党の問題点を照射し得る存在でもあり得たのである。

（1）北岡伸一「政党政治確立過程における立憲同志会・憲政会（上）」（『立教法学』二一号、一九八三年）一三四－八頁。

（2）例えば秋山定輔・尾崎行雄・望月小太郎・小川平吉・河野広中・早速整爾が所属しており、更に同攻会には花井卓蔵が参加した。この系列の問題については宮地正人『日露戦後政治史の研究』（一九七三年、東京大学出版会）第三章国民主義的対外硬派論を参照。

（3）『太陽』臨時増刊（新法令）付録『軍国議会史』（第一〇巻六号、明治三七年四月二〇日発行）一四－五頁。

（4）坂野潤治『大正政変』（一九八二年、ミネルヴァ書房）二六頁では「甲辰倶楽部の性格は定かではないが、メンバーから判断すると、政友会よりも右寄りの中立議員の団体であったように思われる」と評している。

（5）例えば『秋山定輔伝』第一巻（一九七七年、桜田倶楽部）一〇八頁。但し文中で小河源一の所属を大同倶楽部としているのは誤り。また、秋山問題を暴露した小河源一に対する処決決議案（否決）審議中の本会議では「大浦ニ頼マレナケレバ宜イ」という野次がみられた〔『帝国議会衆議院議事速記録』一九巻（一九八〇年、東京大学出版会）第二十議会六六頁〕。

（6）主要新聞としては『東京朝日新聞』・『日本』・『国民新聞』・『時事新報』を中心に参照し、甲辰倶楽部所属議員の出身地の地方新聞をなるべく多く精査した。その際地方新聞の選択にあたっては西田長寿『明治時代の新聞と雑誌』（一九六一年、至文堂）所収〈明治後期の地方新聞一覧表〉（二五〇－九頁）を参考にした。また記事の引用にあたっては最も内容の詳しいものを優先しなるべく記事題名を明記することとした。その他本論文は議会での出来事に関しては『議会制度七十年史・帝国議会史　上』（一九六二年、衆参両院）に依拠した。資料の引用にあたっては句読点を適宜補い表記を改めた。但し憲政本党のことを「進歩党」と表記している場合は原文のままとした。

（7）『国民新聞』明治三七年三月六日付論説〈総選挙の結果〉。

（8）『日出国新聞』明治三七年三月二〇日。

(9) 酒田正敏『近代日本における対外硬運動の研究』(一九七八年、東京大学出版会) 二三二－三頁。
(10) 酒田前掲書二五三－九頁及び北岡前掲論文一四四－五頁。
(11)『原敬日記 (新版)』二巻 (一九六五年、福村出版) 九二頁。
(12) 同日記九二－三頁、三月五日。これらの原の動きに関しては升味準之輔『日本政党史論』二巻 (一九六六年、東京大学出版会) 四五六頁を参照。
(13) 同日記九三頁、三月六日。
(14) 同日記九三－四頁、三月一三日。
(15) 同日記九四頁、三月一五日。
(16) 同日記九四頁、三月一七日。
(17)『日本』明治三七年三月一九日。
(18)『原敬日記』二巻九五頁、三月一八日。なお結果は松田正久二一二票、鳩山和夫一七七票であった (前掲『議会制度七十年史・帝国議会史上』四二九頁)。
(19) 同日記九五頁、三月二一日。なお煙草専売法成立の政治過程については、遠藤湘吉『明治財政と煙草専売』(一九七〇年、御茶の水書房) 第三章第三節を参照。
(20) 本節(二)のイ参照。
(21)『原敬日記』二巻九五－六頁、三月二一、二二日。
(22)『帝国議会衆議院委員会議録』明治篇二五巻 (一九八七年、東京大学出版会) 三〇二－六頁。
(23)『原敬日記』二巻九六頁、三月二六日。
(24) 前掲「衆議院議事速記録」一九巻第二十議会三九－四二頁。
(25) 林田亀太郎『日本政党史』下巻 (一九二七年、講談社) 一五二頁の記述が受け継がれているものと思われる。但し升味準之輔「日本政党史における地方政治の諸問題(六)」(『国家学会雑誌』第七六巻一・二号、一九六二年九月) 四一－五頁の代議士構成比較表 (明治三五－大正九年) では甲辰倶楽部の代議士構成が検討されている。升味氏の関心は二大政党に向けられているが、本稿での甲辰倶楽部所属議員の検討についても非常に示唆的であった。升味氏の検討によると甲辰倶楽部の特徴は次のように数量化される。

府県会議員の経験を有する者 五九%、（甲辰倶楽部所属議員中）官吏の経験のみを有する者 八%
実業関係の経歴を有する者 五五%、府県会議委員＋実業関係者 四一%
市会議員の経歴のみを有する者 二一%、市部選挙区代議士 三三%
初当選代議士 三六%、平均年令 五〇才

(26)『信濃毎日新聞』明治三七年三月五日付論説〈七転八起の説〉。

(27) このうち佐藤里治は後藤嘉一『やまがた史上の人物』（一九六五年、郁文堂）で、鈴木摠兵衛は武市雄図編『鈴木鹿山伝』（一九二九年）でその人物を知ることができるが、甲辰倶楽部に関する記述は乏しい。また国立国会図書館憲政資料室には「石塚重平文書」（書簡のみ）がある。

(28) 酒田前掲書二四一－二五三頁に明治三六年の「小川平吉日記」〔『小川平吉関係文書』一巻（一九七三年、みすず書房）一七三－一八四頁〕に基づく考察がある。

(29) 林田亀太郎『政界側面史』上巻（一九二六年、講談社）第十節を参照。なお林田は当時の衆議院書記官長である。

(30)『東京朝日新聞』明治三六年一二月一二日付〈政友会代議士総会（解散前）〉。

(31)『防長新聞』（山口県立山口図書館所蔵コピー版を使用）明治三七年一月一〇日。

(32)『防長新聞』明治三七年一月一九日。

(33)『東京朝日新聞』明治三六年一二月一六日付〈再議派前議員の宣言〉。なお宣言文の朗読者は甲辰倶楽部に参加した佐藤虎次郎（当時中正倶楽部）であった。

(34) 前掲「小川平吉日記」明治三六年六月一二日（『小川平吉関係文書』一巻一七六頁、酒田前掲書二四六頁）。なお小川自身はこれらの人物を評価していない。

(35)『議会制度七十年史・衆議院議員名鑑』（一九六二年、衆参両院）に依拠した。

(36) 山根については田中助一『萩の生んだ近代日本の医政家山根正次』（一九六七年、大愛会）が簡単にその経歴を紹介している。山根は明治三七年にも医師の観点から『中央公論』五月号に「梅干党を排す」と題する兵糧改善論を発表している。また国立国会図書館憲政資料室に関係文書（書簡のみ）がある。
(37)『時事新報』明治三七年三月一九日。
(38)『東京朝日新聞』明治三七年三月二〇日、二一日付記事を整理したもの。
(39)(40)『日本』明治三七年三月二三日付論説〈衆議院の形勢〉（『陸羯南全集』八巻（一九七二年、みすず書房）二九八－九頁）。なお『日本』はこの問題の報道に熱心で、同日の五面には補償増額運動を行なっている代議士一〇名を列挙し非難している。そして甲辰倶楽部所属の大戸復三郎（岡山市）、福島宜三（福井）がその中に含まれていた。
(41)『国民新聞』明治三七年三月二三日付〈甲辰倶楽部の集会・交渉〉。
(42)前掲「衆議院委員会議録」明治篇二五巻三〇二頁。起草委員は五名で根本正、長晴登（政友会）、加藤政之助（憲政本党）、奥田義人（無名倶楽部）と横田という顔触れであった。
(43)『国民新聞』明治三七年四月三日付〈甲辰倶楽部の報告書〉。
(44)『国民新聞』明治三七年三月三一日付〈甲辰倶楽部の集会〉。
(45)前掲『原敬日記』二巻一一七頁、一二月四日。なお本件の議会提案に先立ち一一月三〇日の政友会代議士会で大岡育造院内総理が「是まで何人も出来ざることとのみ思惟し来たるが、林田書記官長の解釈に依れば議院規制さへ改正すれば何時にても之を為し得らるるとの事」と議会冒頭での改正を提案し「満場一致」で可決されている（『日本』明治三七年一二月一日）。
(46)『帝国議会衆議院議事速記録』二〇巻（一九八〇年、東京大学出版会）六頁。
(47)『帝国議会衆議院委員会議録』明治篇三二巻（一九八八年、東京大学出版会）一一一頁。
(48)田口弼一（昭和五年から一三年まで衆議院書記官長）『帝国議会の話』（一九三一年、啓成社）一〇八－九頁及び水木惣太郎『議会制度論』（一九六三年、有信堂）三六九頁。当時の衆議院は召集当日、①議員を仮議席（府県別）に着席させ、②議長副議長選挙を行いその翌日に、③議席を指定し、④議員の部属を抽籤で決定し、

⑤部属毎の選挙で常任委員を選出し（議院法二〇条）議員の構成を確定していた。本文でみるように二十一帝国議会より議席の指定が政党別となった。

(49) 田口前掲書七六頁では、政党の発達に伴い第十五帝国議会より控室が部属単位から政党単位に変更されたとしている。

(50) 註（47）と同。

(51) 前掲「衆議院議事速記録」二〇巻六－七貝。

(52) 同速記一三頁。

(53) 同速記一四貢下段。

(54) 同速記一五頁下段。

(55) 同速記一五頁上段。

(56) 『東京朝日新聞』明治三七年一二月四日付〈昨日の衆議院〉。

(57) 『時事新報』明治三七年一二月一〇日付論説〈政党の為めに惜む〉。この論説は「委員の選挙、議席の配分の如き形式一偏の手段を以て其勢力を永遠に維持するは思いも寄らざる次第なりと云ふ可し」と大政党を戒めてもいる。

(58) 『東京二六新聞』明治三七年一二月六日付論説〈議院の党別（夜来閑人）〉。なおこの論説と次の『日本』の論説は『太陽』一一巻一号（明治三八年一月）二一〇－一頁に転載されている。

(59) 『日本』明治三七年一二月一一日付論説〈衆議院の議席〉（前掲『陸羯南全集』八巻五四四－五頁）。

(60) 『東京朝日新聞』明治三七年一二月五日付〈中立倶楽部の計画〉。中立倶楽部の組織は「第一期議会の大成会の如くし、政見は各自の任意として束縛せず、役員等に就て一致の態度を取り」大政党に抵抗することをめざしていたようである。

(61) 一五日午前の中立各派の交渉会でこの方針が決められたと明治三七年一二月一六日の『国民新聞』では報じられている。

(62)『日本』明治三七年一二月一七日付〈首相邸招待の模様〉。この際、帝国党の佐々友房と自由党の林有造は政府支持を表明したが、有志会の田口卯吉は自派の案を政府が無視したことを理由に議会での対決姿勢を明確にしたという。
(63) 前掲「衆議院議事速記録」二〇巻六〇－九頁、七二－三頁。
(64) 前掲『原敬日記』二巻一二〇頁、一二月一七日。
(65) 前掲「衆議院議事速記録」二〇巻三五四－六頁。
(66)『信濃毎日新聞』明治三七年一一月二九日付〈議会の報告〉。
(67) 官民懇話会は桂首相の求めで明治三七年六月二三日（清浦農商務相主催）・七月二六日・一〇月一五日に開催された。原敬は衆議院各派を一堂に招待するこのような会合は無意味であるとみなしていた（前掲『原敬日記』二巻一〇六頁、七月二六日）。なお甲辰倶楽部の佐竹作太郎は官民懇話会の設営を担当していたようである（『原敬日記』二巻一一一頁、九月三〇日）。
(68)『大阪毎日新聞』明治三七年一〇月二八日付〈甲辰倶楽部と近畿地方〉。
(69) 同紙一一月六日付〈甲辰倶楽部代議士懇親会〉。
(70)『国民新聞』明治三七年一一月二〇日。
(71)『東京朝日新聞』明治三七年一一月二七日。
(72) 同紙一一月二八日。
(73) 同紙一一月二九日。
(74) 註（73）と同。
(75) 議員の異動はすべて『衆議院公報』に基づいた。なお有志会は第二十一帝国議会の開会に際し田口卯吉・島田三郎ら一七名の都市選挙区選出議員によって結成された小政党である。
(76)『東京朝日新聞』明治三七年一二月六日付甲辰倶楽部総会記事と『国民新聞』一二月七日付増税案に対する各派意見対照表を整理し審議結果を括弧内に付記したもの。

(77) その他新設の通行税に対する批判も強く同攻会の望月小太郎は短距離の三等料金の免税を提案したが否決された（前掲「衆議院議事速記録」二〇巻六一頁下段）。これら戦時増税法案の審議については前掲『議会制度七十年史・帝国議会史上』四六〇－一頁を参照。

(78) 前掲「衆議院議事速記録」二〇巻七三頁上段。

(79) 同速記一二〇頁。但しこの請負条項は衆議院議員に関してのみ大正一四年の改正で削除された。この問題に関しては美濃部達吉『選挙争訟及当選争訟の研究』（一九三六年、弘文堂）三五四－八頁を参照。

(80) 『衆議院公報』明治三八年一月二四日（第三四号）。

(81) 『東京朝日新聞』明治三八年一月二八日。有泉貞夫『明治政治史の基礎過程』（一九八〇年、吉川弘文館）三三九－四〇頁の記述はこのような議員資格審査の問題が背景にあるものと考えられる。

(82) 前掲「衆議院議事速記録」二〇巻一四二、二五三－四頁。この問題については『中央公論』明治三八年三月号「衆議院と大審院の衝突」を参照。

(83) 『衆議院公報』には星野が六回（計四八日）、本出が四回（計四二日）、久保が四回（計三五日）それぞれ請暇が認められたことが記録されている。

(84) 『日本』明治三八年一月一三日付〈中立議員誘拐策〉。

(85) 地方制度以外のものとしては山根正次が伝染病予防法改正案・清韓医事衛生に関する建議案・脚気病調査に関する建議案を提案した。

(86) 三谷太一郎『日本政党政治の形成』（一九六七年、東京大学出版会）九四頁にはこの議会で尾見浜五郎（無所属）から提案された郡制廃止法案に関する記述がある。さらに元甲辰倶楽部の佐藤虎次郎（明治三八年一月二六日より政友会）からも郡役所廃止に関する建議案が提出されていた。

(87) 三谷前掲書第一部第一章。

(88) 審議延期を可としたのは久保伊一郎・福島宜三・大戸復三郎、否としたのは野尻邦基・山根正次・三輪猶作・矢島浦太郎・奥村善右衛門・芦田鹿之助であった（前掲「衆議院議事速記録」二〇巻三五五－六頁）。ちなみに投票総数は一八八名であり議員総数の二分の一である。
(89)『東京朝日新聞』明治三八年三月三日付〈小党連合協議会〉。また『日本』三月一日付記事によると甲辰倶楽部からは石塚重平・横田虎彦・小河源一が合同に関する在京委員になっている。
(90)佐竹作太郎は無所属に芦田鹿之助と本出保太郎は政友会所属となった。
(91)『太陽』一一巻五号（明治三八年五月）二二八頁「時事日抄」。
(92)『日本』明治三八年一二月五日付〈議院の内外〉は「一斉に起立し一斉に拍手するなど威勢が善く見ゆるのみならず、伝令自由にして其党内に在りながら動もすれば混雑まぎれに中腰を使ふ所の曖昧連を出さぬことは出来る」と大政党における議席変更の効果を論じている。
(93)個性派代議士集団の同攻会は政交倶楽部・猶興会・又新会と改称して明治四三年の国民党結成により分裂した。
(94)委員会の問題については田口弼一『委員会制度の研究』（一九三九年、岩波書店）二六－九頁及び水木前掲『議会制度論』第三篇第二章を参照。なお『太陽』臨時増刊（新法令）付録『第二一次軍国議会史』（第一一巻六号、明治三八年四月二〇日発行）は二十一議会について「法律案の提出の多き当期議会の如きは初期議会以来稀れに見る所なり」（二二一頁）と評した。
(95)例えば鈴木摠兵衛に関し、前掲『鈴木鹿山伝』一八一頁は桂との親交を伝えている。

第二章

小会派政治家の選挙・政党観
―花井卓蔵と田川大吉郎―

序　本章の課題

選挙・政党のあり方は、政治の永遠の課題である。何よりも選挙活動と政党運営を日常生活としている政治家こそが、そのあり方を第一に考えるべき立場にあり、現在、過去を問わず、その洞察は例えば個々の政治家の回想録、伝記等に散在している。しかるにこのような記録が、系統立てて分析される機会は乏しい。それゆえに政治家の選挙・政党のあり方に関する貴重な洞察も、いわば断片的に埋もれた存在となっている。

本章は小会派（院内会派）に所属した政治家を取り上げ、その選挙・政党観を比較、分析しようとする試論であり、花井卓蔵（慶応四年〜昭和六年）と田川大吉郎（明治二年〜昭和二二年）を対象とする。その理由は次の三点である。

まず第一に、両者とも個性ある存在として、同時代人には著名な政治家であったという事実である。

花井は有名弁護士として多数の著作を出しており、法曹人としての花井は現在でも言及されることが多い。田川は著作が多い点では花井と同じであるが、キリスト教に基づく社会改良論に特徴を有し、最初の公選となった東京都知事選挙に出馬して六一万票を集めた（九万票差で落選）。しかし現在では政治家としての両者に関する研究は乏しい。このような小会派政治家につき、限られた角度からでも、何らかの研究の道筋をつけたいと考えたことが執筆の最も素朴な動機である。

第二に、両者とも政治家としての活動歴が長かったことである。ともに衆議院に二〇年程度在職しており[1]、花井は選挙に強く、他方、田川は何回かの落選を経験しながらも挫折せず復活してきた。大政党の組織選挙に比べてハンディを負う小会派政治家が、いかにして選挙という関門を乗り越えてきたのか。本章第一節で両者の選挙観を考察するゆえんである。

最後に、現代的な問題とも重なるが、個性があり選挙にも強い小政党・小会派政治家は、しばしば既成大政党の問題点を適切に指摘し得る存在である。両者がなぜ、大政党に対し距離を置いていたのか、小会派を自らの政治拠点としたのかを解明することは、現代における政党の問題を考える上でも、有益な材料を提供するだろう。第二節でその政党観を考察するゆえんである。

分析時期は両者が衆議院議員選挙にともに出馬した時期（明治三五年～大正六年）が中心となる。同時期の選挙結果、所属政党あるいは所属院内会派の詳細は各節に整理したが、両者の政治的軌跡には実は相当な違いがある。その違いに着目し、両者の選挙観、政党観を考察するため、比較においても共通点よりは相違点の析出に重きを置くこととする。その結果として花井、田川の政治家としての実像の一端が描き出せるならば幸いである。
政治家としての花井に関する本格的な先行研究は残念ながら見出せなかった。田川に関しては論文「政党政治家　田川大吉郎」をはじめとする遠藤興一氏の貴重な研究があり、[2]著書『書誌　田川大吉郎——その生涯と著作』（ジェイピー出版、二〇〇五年）とともに、資料の選択・分析視角につき、学ぶところが多かった。なお本章では、引用資料は以下のリストのように厳選した。資料を網羅的に紹介するのでなく、重要度が高くかつ両者の選挙・政党観が典型的に導かれる著作に集中して考察することが、有益と判断したからである。

【著作・伝記リスト】
花井卓蔵『争鹿記』（明治三六年）
花井卓蔵『軍国議会史要——第二十・二十一・二十二議会の経過』（明治四〇年）
大木源二『花井卓蔵全伝』上・下巻（昭和一〇年）
田川大吉郎『慙恨録』（明治三六年）
田川大吉郎『都の机より』（大正四年）

第一節　選挙観をめぐって

（一）　花井と田川の選挙結果

考察の前提として、両者の総選挙における得票ならびに結果（花井の衆議院在職期間に限定）を一覧しておきたい。

総選挙	花井卓蔵	選挙区	田川大吉郎	選挙区
第六回（明治三一年）	一〇六五票当選	広島七区	不出馬	
第七回（明治三五年）	一五四票当選	尾道市選挙区	五五三票落選	長崎県郡部区
第八回（明治三六年）	不出馬		七六八票落選	長崎県郡部区
第九回（明治三七年）	一二三一票当選	広島県郡部区	不出馬	
第一〇回（明治四一年）	五一四二票当選	広島県郡部区	二一七四票当選	長崎県郡部区
第一一回（明治四五年）	四三二〇票当選	広島県郡部区	一八〇四票当選	長崎県郡部区
第一二回（大正四年）	五五六五票当選	広島県郡部区	二五一二票当選	長崎県郡部区
第一三回（大正六年）	二八八四票当選	広島県郡部区	不出馬	

花井が出馬した選挙戦のすべてで勝利したのに対して、田川は二度の落選を経験している。そうした両者の明暗は、偶然ながら同じ明治三六年に両者が著した選挙回想記『争鹿記』（花井）と『慙恨録』（田川）に反映しており、選挙に取り組む両者の姿勢の違いが鮮明に表れている。本節では好個の資料である両者の選挙回想記を手がかりに、その選挙観の違いを明らかにしたい。

（二）花井の場合

ア．一度限りの市選挙区選挙

明治三三年の選挙制度改革により、花井が第七回総選挙で立候補する際、選挙区としては大選挙区（郡部）と小選挙区（市部）の選択肢があった。当選可能性を考えるならば、定員一〇名の大選挙区を選ぶのが安全策であろう。しかし花井はあえてリスクの高い小選挙区の尾道市選挙区を選んだ。花井はその理由を四月二五日の第一声で次のように説明した。

私が尾道市選出の議員として、候補に立ちましたる訳は、第一只今まで述べた通、自分は自分の宿論たる富力論の関係に於て市を代表するの適当なることを信じましたのと又第二には、私は今現に、尾道中並に御調郡世羅郡より選出せられて居る議員でありますから、即ち或る意味に於ては、尾道市選出の議員と云つても宜いのでありますから信を諸君に失はざる以上は、茲に重任を乞

ふの当然なることを信じました[3]（後略）

政策上の理由と、今でも、実質は尾道市選出議員であることを強調した上で、花井は「市が独立の選挙区となり、比較的、大いなる選挙権を得ることに相成りましたる訳合」につき「商工業者の権利は他の方面の人民に比し、比較的多くを与へられたるものと云はねばならぬ[4]」と制度改革の意義を説明した。しかし、花井の議論は市選挙区と商工業者の関係にとどまらなかった。制度改革のより大きな目的に、従来の選挙戦の弊害を一掃するという問題を絡めて、次のような演説を構成したところに法律のプロとしての花井の特徴がある。

小選挙区を廃して、大選挙区にせられた訳は、何でありましよう、又記名投票を改めて無記名投票と致しましたのは、何でありましよう、幾多の罰則を設けて取締を厳重にしたのは何の為でありましようか、先づ大体の上に於て広き区域に人才を求め、情実の下に貴重なる投票の権利を無にすることなく選挙場裡の醜陋を矯正すると云ふの趣意と見て宜からう[5]（後略）

花井は「御辞儀を沢山する者が必ず勝つ、運動費を沢山使う者が必ず勝つ又地方の利益問題を喋々する者が必ず勝つ[6]」ような選挙を変えるという論法で、尾道市選挙区で一騎打ちとなった対立候補、高木龍蔵（立憲政友会）を攻撃した。「尾道土着のものである云々」と訴える高木の「哀願主義」は「選挙権を弄ぶものである、土着論は代議士の性質を知らぬものである[7]」と花井は決めつけた。

熾烈な戦いの末に花井は勝利したが、花井一五四票に対し高木一四六票と僅差であった。薄氷を踏む結果に終わったことは、当初花井が抱いていた市選挙区・選挙戦の弊害一掃に対する過大な期待をしぼませることになったであろう。その証拠に、花井は翌年の選挙には「政海の濁浪に投ずるのは、いやになったから、当分静養する[8]」として選挙に背を向けた[9]。しかも明治三七年の第九回総選挙からは結局、大選挙区（郡部）を選択し、小選挙区（市部）に戻ることはなかった。こうした花井の「転身」は、花井自身が行なっていた選挙の実態とも関係があるだろう。

イ．選挙戦の実態

自らがいかなる選挙戦を戦ったのかにつき、第七回総選挙を例外として花井の語るところは少ない。その意味で花井伝に収録されている証言は貴重であるが、そこから読みとれる選挙戦は意外にも泥臭い内容である。代表的な事例を見てみよう。

例えば花井の選挙は「尾道市の旧家、橋本吉兵衛」によって支えられ「橋本家をして絶対後援せしめ、何等の不安も、少しの苦戦もなく[10]」当選できたとする指摘は見逃せない。当の花井自身が第七回総選挙の最中に「私は明言する、花井卓蔵は決して橋本の乾児ではない[11]」と弁明せざるを得なくなったほど、尾道の有権者にとっては周知の事実であったことがうかがえる。この点は後に見る田川とは対照的である。

同時に花井は選挙戦そのものに熱心に取り組んだ。福山で花井の選挙を手伝った小山五千石は花井の運動ぶりを次のように回想する。

博士〔花井のこと〕の選挙運動に対する心掛けは、常人の考へ及ばぬ処が多かった。第一選挙運動中一切握飯以外を喰はず、一度も座布団を敷いたことが無かつた。(12)

「選挙は戦争であるから握飯で上等だ。旅館の昼食など喰つて戦争は出来ない」「戦争に座布団の上に座るやうな心掛けでは勝てない(13)」という花井の語録からは、選挙の過酷さを知る職業政治家の色彩が濃厚である。しかも花井は地盤の問題についても次のような認識を示していた（郡部選挙区に転じてからであろう）。

又博士は幾度頼んでも、選挙演説で福山市には来られなかった。運動に非常に不利なので其理由を尋ねたところ、「自分の地盤は御調郡で、当福山市は井上角五郎君の地盤であるから、他人から侵されぬ以上、自分から進んで人の地盤を侵す意志がない。」と云ふ話であった。其後井上君が苦しくなり、御調郡へ乗り出したので、始めて博士が福山市に来演せられるやうになつた。こんな風に博士は選挙道徳を重んじた人であつた。(14)

このエピソードの最後にある「選挙道徳」を過大に重視することは、問題の本質を見失わせる。むしろ重要なのは井上によって自分の地盤が侵されたために、対抗して井上の地盤に進出するに至ったことであろう。いかに理想を唱えても、地盤がなくては選挙には勝てないという選挙戦の「常識」を花井は十分認識していたし、それゆえに連続当選ができたのであろう。その意味で花井は現実的であった。ただ花井の複雑な点は、そういう現実をすべて肯定していたわけではなかったことである。

ウ．改革論と挫折

花井の選挙制度改革論の結論は、比例代表制の導入であった。[15] しかし一気にその理想に進む前に、「全国を通じて一選挙区」となるような大選挙区制が必要であると花井は説いていた。例えばその真意につき、小選挙区制導入反対討論（第二十八帝国議会、明治三五年三月五日）において、花井は次のように説明した。

> 現行法は法文に於て名は大選挙区であります。併ながら実行の跡に見ますれば、小選挙区であるとも云ひ得らる、のであります。多くの候補者は一定の区域、即ち小選挙区に地盤を有しまして、其足らざるを他の区に補ふ、大選挙区実に補充区であります。それ故に政府者の小選挙にあらざれば、実情に適せずとの議論より本法の改正を企てられたる要求は、法の改正を俟たずして、現行法の上に於て、運用の妙に依りて実現せられて居るのであります。[16]

大選挙区制でありながらその利点が生かせず、結局は小選挙区と同様に地盤中心の選挙となっていることを、花井は選挙戦を通じて十分に認識していた。それゆえに、花井は小選挙区制の導入に反対して、大選挙区制の改善を説いた。しかし第二節に見るように、小会派所属に終始した花井は、その構想を実現する術を持たなかった。そればかりか、花井は第一三回総選挙を最後に、衆議院議員選挙に出馬することはなかった。それはちょうど、選挙制度が小選挙区制に転換する時点であった。不出馬の背景として、背任容疑に問われた西備銀行重役が、大正八年に花井の弁護で無罪になったことへの地元の反発が強かったと、花井伝は次のように評している。

地方民尚も叫んで、『花井は当地方を、衆議院選挙地盤として二十余年、その恩顧に背いて、敢てこの挙を為したのである。以後、吾等決して再び援助後援をせず』と、この事あつて後、博士を再び衆議院に見る事を不可能ならしめたと伝へられる。(17)

小選挙区制導入直前に地盤が大きく傷ついた花井の代議士としての軌跡は、ここで終わりを告げる。その意味で大正一一年に選挙を要しない貴族院議員に勅選されたことは、花井にとって幸運であっただろう。

（三）　田川の場合

ア．選挙戦の方針

花井と対照的に、田川は最初から定員六名の長崎県郡部からの出馬を選択した。二度目の挑戦となる第八回総選挙が迫った明治三六年二月三日の大村市における会合で、田川は郡部の中でも「東彼杵郡を根拠とする」と述べ、同じく同郡を地盤とする島津良知代議士（立憲政友会）との票割りを選挙の基本戦略に据えることを次のように明言した。

東彼杵郡の投票が島津君一人の選挙に有り余ること、御存知の如く、昨年の総選挙には（中略）六人分を平均して一代議士の得点数が七百八十四票でありました、今年は昨年よりも此平均の土台が殖えるで有りませう、仮りに之を八百票とする、千六百票あれば二代議士を出すことが出来る、而して東彼杵郡は千九百四十票の投票を有して居る、故に東彼杵郡は島津君を前代議士として再選する外に更に一名の新代議士を選出することが出来る、これが私が東彼杵郡を根拠として争ふ一つの理由で有ります[18]（後略）

代議士の条件として「土着」を否定し、対立候補を攻撃した花井とは異なり、田川は「私は島津君の再選を希望する、随つて島津君を当の相手として競争は致しません[19]」という融和的な姿勢で臨み共存をめざした。しかしそれが希望的観測に依存した策であったことは、島津、田川が共倒れしたことで明らかとなる。[20]

同じ挨拶の中で、田川は選挙資金の問題にも言及し、「投票買収」は絶対に行わない反面、運動に要する「汽車賃、車賃、及び宿泊料これは私の力の及ぶ限りどうしてなりともお払ひ致します」[21]と宣言し、その行為が選挙違反となることも次のように自覚していた。

尤も此うすることも既に選挙法違反で有ります、選挙法は此事を明白に且厳重に禁制して居ります、然し諸君、寧ろ選挙法の罪人と為るも、天地の理法の罪人とは為りません、之が私の願ひで有ります[22]（後略）

その意味で田川は、金は一切使わないという類の理想選挙を唱える候補者とは異なっていた。地盤や金という現実を当然の前提として、田川は「手紙を書き、演説をし、及び金を借りにあるく」[23]選挙戦に没頭した。

イ．選挙戦の実態

田川は自らの選挙戦を振り返り、「少しでも退屈とか大儀とか辛労とか思つた事は無い、実に選挙といふは面白い者だとの感じが強く深く残つて居る」[24]と記している。しかしこれは漠然たる印象に過ぎず、いくつかの点で選挙戦は自らのめざしたものと異なる方向に動き、田川に葛藤をもたらしていた。例えば演説の回数につき、田川は次のように記す。

演説は此一ヶ月の間に都合十一回、(中略) 昨年は同じく一ヶ月の間に二十四回、昨年にくらべると著るしく減つて居る、これは自分の限り無き遺憾である、其理由は第一に演説の効能が無いこと、これは自分の演説が面白おかしくない、つまり自分が演説が下手なことにも因るけれど、有権者の方に演説を聴いて其主意を噛み分ける力が無いこと[25] (後略)

花井が選挙戦の主軸を演説に置き、『争鹿記』に演説八本を収録しているのに比して、田川の『慙恨録』には演説は二本しか収録されていない。演説の効用につき、両者の評価の対照は明らかである。ただし演説の中身を見ると、「哀願主義」の否定という点では、田川も「頭を下げて、涙を流して、どうぞお願ひ申すと言って諸君の感情を動かし諸君の自由意思の活動を制しようと思はぬ、諸君選挙といふはそんなもので有りません、私はそんな横道に入りません[26]」と述べているように共通している点もある。

手詰まりを感じていた田川を選挙戦の終盤で見舞ったものは、強く戒めていた投票買収の問題である。事の性質上、通常は詳らかにされない買収を、田川は「堕落の一節」という標題を付し、以下のように赤裸々に記した。

二十一日の夜帰つた折、第一番に右壱岐郡の買収の話を聞いた、それは大要運動費若干円を既に渡した、成功の結果一票若干円づゝのお礼を選挙の後に渡す、但、一百票以上の得票を始めて成功と謂ふ、故に一百票以上の投票あつた場合には、其総ての票が皆価を生するけれど一百票以下の場合には其価が生せぬ、（中略）田川君はこれには不賛成で有らうも其場合には自分が言ひ訳をするツマリ田川君の方の責任は自分が身に引き受くる話で有つたとの報告を受けた、真に退つ引ならぬ報告で有る、そこで自分は渋々此報告を承認した[27]（後略）

田川は他の買収二件についても触れて、「如何にも自分の意思の甚だ弱かつたことを嘆じつゝある[28]」と、自ら立てた原則が崩れたことへの悔悟の言葉で結んでいる。自らの不利になるような事実をあえて公表した点は政治家・田川の特徴であり、そこには現実を直視する姿勢が見て取れる。

最終的には買収を承認したが、田川は前回に続き再び落選した。田川の地区別得票は以下の通りである[29]。

佐世保市　三〇票　　西彼杵郡　一〇〇票　　東彼杵郡　五九八票　　南・北高来郡　七票
南・北松浦郡　一〇票　　壱岐郡　二三票　　合計　七六八票

買収を黙認したとされる壱岐郡は二三票にとどまった。地盤とした東彼杵郡の得票は一定のレベルに達したが、田川の自己評価では「西彼杵に於て特に不成績で有」り、それが敗因だったと見なしている。[30]と同時に、田川は自らの選挙の最大の弱点を次のように自覚した。

自分の選挙を他人の選挙にくらべて格別異なる点は自分の選挙に親類縁者が一人も関係しないことで有る、申す迄も無く今日の選挙に最も重んずるは親類縁者の勢力で、（中略）親類の中に大金持が有るか、又大地主が有るか、門閥の高い徳望の厚い、信用の広い人が有るかして世話をすれば、候補者其人の学問見識才力はそれ程で無くとも大抵成功する[31]（後略）

本人は否定するものの、花井の選挙に有力者の後援が噂されたことと比して、田川の選挙にはそうした条件は満たされていなかった。地盤を基本とした票割り論が机上の空論に終わったことには、そうした理由が大きいだろう。選挙戦の現実を理解して戦った田川だが、この時点では大きな限界が存在した。有権者数の倍増を見た明治四一年の第一〇回総選挙で、ようやく田川は初当選を果たすこととなる。

ウ．独自の改革論

さて田川は連続落選の結果をうけ、独自の選挙制度改革論を立てた。もとより田川には花井のような法曹資格はなく、とりわけ制度論は素朴な段階にとどまっている。しかし田川のユニークな点は「制度を現実に合わせる」志向が濃厚であり、その意味では現実直視の姿勢が通底している。例えば次のような提案である。

第一に自分は運動者に金を給することを公認して貰ひたい、現行の選挙法は極めて鎮密なる注意と酷烈なる制裁を以て此事を禁制して居るが、由来人の労力は無償では使へぬ、既に使ふからは之に報酬するが天地の人間に命じたる必然の約束である[32]（後略）

田川は同時に、選挙戦における「酒食の禁を解いて貰ひたい」[33]とも提案しており、そこに共通するものは、不可能な、必要以上の規制を撤廃することが選挙戦の自由度を高めるという発想であり、規制強化を評価した花井とは異なる。同じように田川は、花井が情実選挙を一掃すると評価した無記名投票の弊害を指摘する。

第二に自分は無記名式を記名式に換へたいと希望する、本来の希望を申せば自分は無記名論者で有る、（中略）昨年と今年と無記名式施行の経験から考へると、之には別に風俗上の問題が有る、風俗上由々しからぬ重大の関係が有ると思ふ、それは何で有るか、嘘を奨励することで有る詐術を欣賞することで有る[34]（後略）

要は買収に応じて金を受け取っておきながら、実際には投票しないということがまかり通る、すなわち嘘をついてもそれが露見しないような制度には道徳的に問題があるという議論である。花井は将来の変化を見据え、無記名投票を評価するが、田川は選挙の現実はいまだ記名投票を必要とするという発想の違いである。前項で見たように葛藤の中で壱岐郡での買収を黙認したにもかかわらず、わずかな票しか得られなかった体験も、この提案に反映しているだろう。

選挙制度改革に関する田川の論法は、後年に至るまでも現実に立脚したもので、例えば、大正五年の「選挙の根本問題 予が選挙費を公表して識者に問ふ」という論説では、前年総選挙の経費「約八千九百余円」を素材とした議論を展開している(35)。

小括

両者の選挙観の違いを手短にまとめると、花井は現実と理想あるいは現状と将来との両面から選挙をとらえていたが、現実、現状の把握は選挙戦での戦い方に現れ、花井の言論の中では理想、将来の選挙像が多く語られていた。他方、田川では現実、現状を直視した選挙戦、言論が重きを占めていた。こうした違いは、花井が比較的有利な選挙資源を備え、現実に拘泥せずにすんだのに比して、田川は不利な条件の下にあり、現実を吟味しなくては政治家への道が開けなかったという差異をも反映している。

第二節　政党観をめぐって

（一）花井と田川の所属政党・会派

次に花井、田川の政党観について考察するが、その前提として、両者が所属した主な政党・院内会派（両者がともに衆議院に在職していた期間に限定）を一覧しておきたい。(36)

期間	花井卓蔵	田川大吉郎
第一〇回総選挙	当選	初当選
第二十五帝国議会	又新会	又新会
第二十六帝国議会	又新会	立憲国民党
第二十七～二十八帝国議会	無所属	無所属
第一一回総選挙	当選	当選
第二十九帝国議会	無所属	無所属
第三十帝国議会	亦楽会	亦楽会
第三十一～三十五帝国議会	中正会	中正会
第一二回総選挙	当選	当選
第三十六～三十七帝国議会	中正会	中正会
第三十八帝国議会	公正会	憲政会
第一三回総選挙	当選	不出馬

花井が小会派・無所属に終始しているのに比して、田川は二度小会派を去り、政党に転身した。又新会と中正会の分裂、解散に際し、両者が袂を分かったことは重要な事実である。両者が同じ会派に継続して所属していたのは、大正元年一二月から五年一〇月までの間でしかない。両者の行動から見て、政党観の相違は確かに存在するだろう。本節では両者の言論等から、かかる行動の違いをうかがわ

せる議論を抽出して考察してみたい。

（二）花井の場合

ア．政党批判

前節に見た第七回総選挙の演説で、花井は政党批判を繰り返し行なっていた。花井がその後、一度も政党に所属しなかったことに鑑みると、初期の選挙における政党批判にはその政党観の原型が見出せるだろう。もとより、選挙戦における言動ゆえに、花井の議論は対抗馬である高木龍蔵が所属する政友会攻撃に傾斜していることは否めない。ここではそうした選挙戦略に起因する議論はなるべく捨象し、花井が政党の何を忌避すべきものと考えていたのかを明らかにしたい。

花井は第一に、政党の「不勉強」振りを次のように批判する。

富力兵力を外交上活用するには知識が要る、県会で、一地方の道路や、堤防のことを覚えて来たからと云つて之を以て大政治家と心得て居るのですもの、たまったものぢやないです、大切なる外交のことなどは、全く政治圏外と心得、区々たる利益問題にのみ齷齪し、党派の利益の為には平地に波を起すを以て能事と心得て居る連中、今少し勉強して貰いたいものです[37]（後略）

政党政治家が地方利益を追求し、国家の重要問題に関する研鑽を怠ることは、専門知識を持つ花井にとってはまずは飽きたらなく見えたであろう。次に花井は、政党所属により「百年の交情も煙の如」くなるような、党派対立による人間関係の悪化を招くことを挙げる。[38]

こうした議論は今でも政党を忌避する理由として聞くことができる。しかし花井の複雑なところは、その後の演説で政党を否定する立場ではないことを次のように何度か強調していることである。

　私は固より政党を否認する者ではない、曽て一たびは愛国公党にも加盟したことがある、又前回の選挙には憲政党員として候補に立ったのである、乍併今日の政党界を見渡して、実は愛想が尽きたから、今は孤立孤行の態度に出でゝ居るのである[39]（後略）

　政党必ずしも非ならず、私は寧ろ政党論者である、乍併只今申述ぶるが如き有様では、正邪曲直の判断さへ六ヶ敷仲間の集合体と見ねばならぬ、私は当時、所属を定めざる主旨は専ら茲に在るのです[40]（後略）

政党に関心を寄せ、一度は政党に身を置いた花井が、既成政党の何に幻滅したのか。花井の議論は表面的な政党批判から、より内在的な、おそらくは明治三一年以来の政治家としての体験に裏づけられた政党の組織運営に対する批判に進む。

花井卓蔵の眼中には、政友会も無ければ、進歩党も無い、何等の党派にも当分はこちらから御免を蒙って居る、有体に云へば政党がいやなのでは無い、今の政党はきたないから嫌いなのだ、（中略）院内総理とやら、院内幹事とやらの号令の下に、蒟蒻版の覚書に縛られて己れの自由意思までも枉げる程の寛大は卓蔵ではない[41]（後略）

本来は「政党論者」である花井が、政党から離れた最大の理由は、政党幹部によって個々の議員の自由意思が歪められることには耐えられないという、議員統制に対する反発であった。この問題は前近代的な名望家政党から近代的な政党に移行するにつれ、制度化が進み、政党幹部による個々の議員への統制が強まるとする、政党発展論の著名な議論と重なる。[42]花井も参加した愛国公党の段階では、幹部による統制は確かに弱かったが、議会政治が軌道にのった二〇世紀初頭には、政党幹部の力は急激に増していた。時代の変化に伴う政党像に関するギャップが、花井の政党忌避をもたらしていた。

政党幹部による議員統制への嫌悪を軸に、政党の現状批判を積み重ねるのが花井の議論の特徴と言える。「私は伊藤侯爵なる長きものに巻かれては居ない、政友会なる長きものに因て立ちし高木君とは違ひ、全く孤立であつて」[43]と喝破し、組織力で臨む政友会候補を激戦の末に破って当選した花井にとって、大政党所属という選択肢はそもそもあり得なかった。

イ．小会派の限界

政党幹部による統制を嫌悪し、政治家としての自由意思を追求したため、無所属・小会派所属の道を進んだ花井であるが、その活動において自由意思は貫徹されたのか。花井自身の回想はわずかな期間しか対象としていないが（前掲『軍国議会史要』）、この時期を見るだけでも、必ずしも花井の理想が満たされたわけではないことがうかがえる。例えば、第二十帝国議会での対応は次のように記されている。

余は毫末も桂内閣に信用を置かず、又甚だ既成政党を択びざるを以て、純粋無所属議員として第二十議会に立ちたりと雖も、亦深く時局に鑑むる所あり、乃ち党人等と歩調を同ふし、以て不信用なる桂内閣の提案に協賛したり。(44)

結局、政党と共同歩調を取るに至ったがゆえに、無所属の立場に飽きたらず、花井は第二十一帝国議会では二八名の同志議員と小会派を組織するに至った。

議会会期中、余輩同志は同攻会を組織したり。同攻会は政党にあらず、同志の議員相集て時務を攻究するを目的とする小団体にして、敢て会員の意見を拘束することなし。即ち其意見を拘束せずと雖も、会員は大抵一致の行動を執ることを得たり。(45)

自由意思を尊重しつつ、会としての緩やかな結束が保たれたことに花井は満足し、第二十二帝国議会では同じ姿勢で、やや増えた三六名の議員で政交倶楽部を組織したが、すでに前回から議会の状況は変わっていた。

奈何せん其会員の数僅に三十六名に過ぎずして、常に多数党の圧倒する所となり、前議会に於けると等しく十分の活躍を試むること能はざりしを憾とす。[46]

第二十一帝国議会は議会制度史上、注目すべき議会であった。例えば、委員の選出が議長指名から投票制に変更されたり、本会議の議席が政党別に指定されるなど、政党中心の議会運営が開始され、結果として多数党の数の力で議会が仕切られることとなった。[47]それが浸透したのが第二十二帝国議会であり、花井が嫌悪した大政党の幹部の力は政党のみならず、議会にも及ぶこととなったのである。その意味で、花井の政交倶楽部は議会では無力な存在に墜ち、例えば鉄道国有化法案再議決（貴族院修正に対する衆議院同意）に際しても、大政党に対し、次のような消極的抵抗をなしたにとどまった。

討論を省略して、将に進んで本案賛否の決を採らんとす。余輩同志は議場に在るを好まず、又斯の如き横暴の決議に加はるを屑しとせず。相携へて議席を去り、投票の数に加はることを避けたり。[48]

花井にとって小会派は、当初は大政党の干渉から無縁な、自由な存在であった。しかし、そのような幸福な時期は短く、数の論理の前に議会内での自由の発揮は困難になった。にもかかわらず、その後も小会派に踏みとどまった花井には、いかなる意図があったのか。

ウ.「同志糾合」と「政党指導」

小会派の無力さを実感した花井だが、その後もその姿勢に変化はなかった。ただし小会派を組織する際に、「同志糾合」という目的を加え、それを達成する手段としての自由の重要性を説くようになった。例えば、明治四一年の又新会組織にあたり、次のように指導的役割を果したと伝えられている。

この時博士が『新団体は主義綱領の拘束を加へず、単に意思投合せる代議士の会合と為すこと、同志糾合の為め甚だ便宜なり』と、発言さるゝや、その一言よく衆議を制して、又新会の組織を見るに至った。(49)

花井の期待は、小会派の自由度の徹底が参加者の増加をもたらし、やがては会派の存在感を高めることに向いていたと思われる。確かに又新会は四四名と数を増やし、初当選した田川もそこに参加した。しかし翌年、又新会は立憲国民党への参加をめぐり分裂した。花井はその際、以下の発言をしたと伝えられている。

博士は『吾人は絶対に大同派を除く云々』を以て、新党樹立運動を禁止された。是即ち博士の主義に忠なる好証である。(50)

花井は自らの信念を貫いたが、田川ら国民党合流派が多数を占め、花井に同調し又新会に残ったのはわずかに一八名であった。その後も花井は小会派組織を繰り返すが、その規模は又新会の四四名を超えることはなかった。

大正六年に中正会の後身である公正会が解散し、新たに維新会が結成されたが、花井はそこに参加せず一時無所属となり、最終的には正交倶楽部に身を置き、代議士生活を終えた。この段階での花井は、小会派そのものへの期待を失い、法曹としての専門知識を以て大政党に働きかけることに自らの役割を見出していたことが、花井伝の記述にうかがえる。

博士は決して政党を無視された訳ではなかつた。政党の政策にして是なりと信ずれば、飽くまで之を支持援助するに吝かではなかった。従つてそが非なりと信ずれば、断然之を排撃せられたことは勿論である。然して自己の抱負経綸を実行せんとする場合は、政党を指導し誘掖して、自己の志を遂げられたのである。(51)

是々非々という自らの判断はあるものの、「政党忌避」から「政党指導」へと花井の立場は動いた。

花井が勅選を受け、政党を超越し得る貴族院に活動の場を移したことは、「政党指導」という立場をさらに強固なものとしただろう。

（三）　田川の場合

ア．政党批判

田川も花井と同じく、総選挙における演説で無所属の立場からの政党批判を展開した。しかしその批判の視点は異なっているように見える。

同じ東彼杵郡を地盤とする政友会の島津良知代議士が、田川の実体は「政府党」であると攻撃したことに反駁する形で、田川は政党論を語り始める。田川はそもそも「政党の名を政府党と民党とに絶対的に区別するのは間違つて居」ると述べ、要は「今日の民間党も明日は政府党」となるように選挙の勝敗で左右される名称に過ぎず、「決して主義に由て区別さるべき政党の」名称ではないとする。[52]

そして政党が政府党となるべく選挙戦で激しく争う状況を憂い、「私は即ち最純の民間党」と規定した上で、田川は「私は実に政府党と容易に為り得ない様に先天的に作られて居る」と強調する。すなわち田川は政府党対民間党という当時の枠組みに異論を唱えた上で、自らの立場を「永遠人民の味方」と表明し、既成政党を次のように批判する。

私は何も政党が嫌いで有りません、政党の効用は善く知つて居ります、どうか善き政党あれかしと祈つて居ります、然し今日の政党は私は嫌いで有ります、こんな政党で何が出来る者かと思つて居ります、何も出来ない、だから私は今日の政党に関係いたしません(53)（後略）

政党の意義は認めた上で、「今の日本の政党は嫌い」と政党批判を行なっているという点において、花井と田川は表面上は似ている。しかし「嫌い」の理由は大きく異なる。花井が組織運営における幹部の統制強化という、近代政党の発展に内在する問題にまで踏み込んでいるのに比して、田川は真の民党か否かという単純な段階で政党を評価しているようにうかがえる。その意味で、「人民の味方」たる新党ができたならば、田川はその存在を否定し得なくなる。逆に花井にとっては、新党が「人民の味方」を標榜しているか否かは、あまり大きな関心事ではないだろう。明治四一年に又新会で初めて花井と会派を同じくした田川が、四三年三月の立憲国民党設立に参加し、立場を異にしたのは、こうした政党批判の深度の違いをも反映しているのではないだろうか。

イ．政党評論（大正三～四年）

自らの政党遍歴を語ることの少ない田川について検討するにあたり貴重な資料は、彼が『都新聞』に執筆していた政治コラムである（前掲『都の机より』所収）(54)。田川は自らが所属する中正会、さらに代表的な政党をその俎上に載せており、その政党観をうかがう上で好個の素材である。

まず大政党の政友会に対し、田川の見方は当然ながら最も厳しい。「まがいの政党」という標題の下、原敬総裁就任問題をめぐり、そもそも党首は「政友会員の多数で決すべきである」のに、「西園寺侯のお声がかり、御託宣で、原氏を推す」[55]という公党にあるまじき決め方であることを指摘し、そもそも政友会は政党としての条件を満たしているのかと根本的な問題を提起した。

一体、政友会は日本随一の大政党だと申すが、事実、幾何の会員を有して居り、而してその会員は、幾何の経費を負担して居るか、その数字を伺ひたい、吾等の聞く処に誤りなければ、その会員の数は、兎もあれ、その会費は、誰も殆んど負担して居ないやうであるが、これは本当だらうか、疑ひに堪へない。[56]

田川の議論は、真の政党には西欧のような党員を基盤とした組織が必要であるとするものであり、その意味では常識的である。[57]ただし、これに続く次の議論からは、党の党員に対する統制への容認がうかがえる。

政党は猶ほ国家の如し。党員は猶ほ国民の如し、国民は国家の費用を分担する、その如く党員も党の費用を分担せねばならぬ。政党も、其処迄達して始めて政党だ。吾等は、そのやうの政党を見たいと思ふ。其処まで達せぬ間の政党は、皆、擬ひの政党だ。[58]

一方、政友会に対抗すべく結成された加藤高明総裁の立憲同志会については、田川は以下のように、果たして政府党たり得るかと評している。

加藤男〔爵〕に、協調の気風が富んで居るや、否やも又一の問題である。一ヶ人の論を離れて、同志会には、此の気風が政友会よりも、余程劣って居る。政友会には、何といっても、此の気風、どこか長じた所がある。而して之があるから、政府党に為れるので、これなくしては、到底政府党に為れない。(59)

大政党を忌避した花井の硬直とは対照的に、田川は大政党の長所短所を分析する柔軟な視角を有していた。例えば大政党における統制の強化も、花井のように一概に否定するべき問題ではなく、真の政党を実現するには必要であると認識していた。同時に、政友会が与党であり続ける理由についても理解を寄せていた。その意味で田川の政党観は幅のあるものであった。そうした幅の広さは、国民党そして自らの所属する中正会を論評する際にも現れている。一時は身を置いた国民党につき、田川はその本質を次のように評する。

国民党は又の名、犬養党である。（中略）国民党の主義方針は、大隈伯後援会の主義方針の漠然たるよりも、更に漠然である。国民党は、要するに犬養氏に党する団体といふべく、犬養氏こそは、

その総体の君主である。その絶対の君主たる所に、犬養氏の風神、面目もあり、そこに、国民党の特種の力もある。(60)

恐らくは「君主」犬養毅への違和感が、田川をして国民党を抜ける（一九一一年二月）に至らせた理由と推測できるが、「彼等〔国民党の代議士〕も亦一種の批評家である。吾等はこの批評〔家〕に、一団体たる勢力を、保たせて置きたく、希望に堪へない」(61)と、田川はその存在価値を否定してはいない。ただし田川はこの段階での国民党の主張が、持論の軍備縮小論から「今日は軍備大拡張論」（一年兵役説）に変化していると注意を喚起し、小政党の主張の揺れには否定的な目を向けている。(62)

ウ．中正会への自己評価

さて自らが所属する中正会に対し、田川はいかなる自己評価を加えただろうか。次の書き出しには、中正会に対する田川の両義的な評価が、「無難」「無力」という言葉に集約された形で示されている。

代議士の数に於て、既に国民党を凌駕して居る、その割合に、世間の問題に為らないのは、例の政党で無いからだ、政党で無いから、常に一定の意見を発表しない、発表するにしても発表せねばならぬ前後の場合に、消極的に発表するのだから、随つて総ての態度が受け身であり、我から進んで、戦ひを起し、問題を提供する慨が無い、それだけ無難である、それだけ無力である。(63)

最初の文章にあるように三六名の中正会は、国民党（三二名）、無所属（三三名）を上回り、当時、政友会、同志会に次ぐ第三会派の位置を占めていた。

まず「無難」という評価は、中正会における意見が形成される過程と密接に関連していると田川は指摘する（およそ小会派の意思形成過程は不明確なことが多いが、田川の記述は当事者の証言として貴重である）。

政党では無いが、寄り合の性質上、意見を一定する必要はある、それを党議といふ形を以て、強制し、束縛する訳に往かないのだから、同会の結論は自然に公平に為る、即ち、銘々の自由、自在に主張した意見を、最後に取纏めて一意見と為すのだから、始めは兎もあれ、段々に角が取れて、自然に円く為る、同会の説は今日の所、我議会の各派の中で、一番公平穏当である、確にその名の如く中正なる所がある(64)（後略）

花井が何よりも議員の自由意思に重きを置き、小会派を組織し続けたことは前に見たが、その精神はこの会派でも貫かれていたことが確認できる。田川も中正会が「吾等は、同会が、各自に議論する団体と為つて居る事に満足して居る」と述べ、「政友会でも、国民党でも、どう見ても、議論が足りない、研究が足りない(65)」とその長所を誇示している。

しかし田川はその反面、中正会の「無力さ」を当事者として痛感していた。田川は「〔その理由として〕

同会は余りに小さい事」と端的に述べ、中正会の拡大を次のように説いた。

僅々三十六名の代議士では、未だ以て議会の大勢力と称する訳に行かぬ、せめて、六十名か、七十名の代議士を得べく、同会が、奔走し、周旋し、包容することを望む[66]（後略）

この文章が『都新聞』に掲載された大正四年一月二八日は、前年一二月の衆議院解散を受け第一二回総選挙を目前にした時期であり、田川の拡大論には選挙戦へ向けての宣伝の意味もあったであろう。しかるに選挙後の中正会は、新たに形成された「無所属団」（五六名）に抜かれ、第四会派（三五名）に転落した。自らは当選し司法省参政官のポストを得たものの、中正会拡大を希望していた田川の焦慮は深まったであろう。結局、田川は翌年一〇月の中正会分裂にあたり、大政党たる憲政会への参加を選択し、あくまで小会派の道を貫いた中正会員は花井を含めわずかに九名であった。

田川が政治的に師事する尾崎行雄も、この時点で中正会から憲政会に参加しており、両者の歩調はここで揃った。その後、両者は大正一〇年二月に揃って憲政会から除名され、革新倶楽部を振り出しとする小会派遍歴を開始する[67]。

小括

政党観の違いを手短にまとめると、花井の硬直、田川の柔軟という対比である。自らの政治家としての自由意思を重んじる花井にとって、政党という組織はそもそも相容れるものではなかった。それに対して田川は、組織化した政党のあり方につき一定の理解を示すなど、政党に対する忌避にまで至ってはいなかった。それが無力というジレンマを抱えつつ、自由を確保できる小会派に一貫して所属した花井と、拡大できない小会派の限界を前に、時には大政党に身を移した曲折ある田川との政治的軌跡の差異を生じさせていた。

むすび

現代でも小政党、小会派に所属する政治家の行動は様々である。一貫してそこに所属する者もいれば、脱党、大政党への鞍替え、再所属を繰り返す者もいる。あるいは選挙に強い者もいれば、弱い者もいる。一見して、こうした行動は無原則なとらえ難い現象に見えるが、その政治家の選挙・政党に関する考え方と結びついている場合もある。

本章で検討した花井卓蔵と田川大吉郎の政治的軌跡は、その選挙観、政党観と表裏一体の関係にある。一貫して小会派に所属し選挙にも強かった花井は、大政党の組織原理を根本的に忌避し、選挙においても現実に拘泥することなく、政治的自由と理想の選挙制度を追求し得た。脱会、大政党への参加を繰返し、選挙に苦労した田川は、政党の長所・短所両面を理解し、選挙においてもその現実を直視し、小会派の無力さと現実に合わない選挙制度に目を向けていた。それゆえに、両者は異なった政治的個性を有していたのである。

もとより本章は限られた視角・資料から分析した試論に過ぎず、花井、田川の政治行動の分析についても残された課題は多い。最後に分析の延長上にある課題を、それぞれにつき一つずつ紹介しておきたい。まず花井については、衆議院副議長辞任問題である。花井は大正四年五月に小会派所属政治家としては異例の副議長に選任された。その人事が第二次大隈内閣を支える議会勢力の中正会に配慮した結果であったことは知られているが、花井はその機会を生かすことなく、早くも同年一二月に辞任した[68]。辞任の理由につき花井伝は「尚三十七議会に於ては、議事進行に関して、議長に注意を促して居られる。その事あつて後、博士は副議長を辞任され[69]」と記し、第一党の同志会から選任された島田三郎議長との軋轢を示唆している。この事例にも大政党を忌避し、自らの政治的自由を求め続けた花井の個性は色濃く見られる。

田川について残された課題は、選挙区を長崎から東京に移し、今度は揺れることなく小会派所属を貫いた事情をいかに考えるのかという問題である。田川は著書『政党及び政党史』（昭和四年）で、日本の政治家は「その所属の党派を換へるに至っても、選挙民に協議をせず、辞職もせず[70]」と述べたが、自らの所属政党は相当の遍歴を重ねていた。しかし憲政会除名後の言行は、一致していたようである。もとより尾崎行雄への政治的共鳴に答えを求めるのは簡単である。しかし尾崎は三重県に堅固な地盤を持つ選挙に強い政治家であり、田川とはこの点で大きく異なっていた。選挙で当選するという現実的な課題に、田川は常に悩まなくてはならなかった。昭和二年補欠選挙から一七年までの、総選挙における田川の得票、当落と所属会派は次の通りである。

補欠選挙	昭和二年	東京四区	一六六三票	当選	新正倶楽部
第一六回総選挙	昭和三年	東京三区	七〇一七票	落選	革新党
第一七回総選挙	昭和五年	東京三区	八三六五票	当選	革新党
第一八回総選挙	昭和七年	東京三区	七〇一一票	落選	革新党
第一九回総選挙	昭和一一年	東京三区	一二一九三票	当選	中立
第二〇回総選挙	昭和一二年	東京三区	一一七〇一票	当選	中立
第二一回総選挙	昭和一七年	東京三区	九二七四票	落選	非推薦無所属

相変わらず苦戦するものの、昭和三年以降の中選挙区における票数は安定している。都市部有権者に一貫した姿勢を見せることは、田川にとって選挙を勝ち抜くための現実的な選択肢であったのかもしれない。

（1）花井は明治三一～三六年、明治三七～大正九年の約二一年間、田川は明治四一～大正六年、大正九～一三年、昭和二～三年、昭和五～七年、昭和一一～一七年、昭和二二年の約二二年間、衆議院議員を務めた。
（2）「政党政治家 田川大吉郎」は『明治学院大学キリスト教研究所紀要』第三七号、二〇〇五年三月に所収。また遠藤興一「田川大吉郎の政治思想」『明治学院大学社会学・社会福祉学研究』第一三八号、二〇一二年三月は、田川の政治歴と思想、とりわけ立憲議会主義の関連を通覧する労作であり、最新の研究として本稿作成の参考となった。
（3）花井卓蔵『争鹿記』廣文堂、明治三六年。本稿では大正四年再版を使用、二八頁。
（4）同（3）、三三頁。
（5）同（3）、一〇五－六頁。
（6）同（3）、一〇七頁。
（7）同（3）、一二四頁。
（8）同（3）、二三四頁。
（9）ただし当時の選挙制度は、現在のような厳格な本人立候補制度ではなく、他者による候補推薦も認めていたため、明治三六年の選挙では尾道市選挙区で花井に九七票が入っている。
（10）大木源二『花井卓蔵全伝』上巻、花井卓蔵全伝編纂所、昭和一〇年、二五頁。
（11）花井卓蔵、前掲『争鹿記』一二八頁。
（12）大木源二『花井卓蔵全伝』下巻、花井卓蔵全伝編纂所、昭和一〇年、六〇頁。
（13）同（12）、六二頁。
（14）同（12）、六一－二頁。
（15）例えば、大正一四年三月六日の第五十帝国議会衆議院議員選挙法改正案に対する討論（『帝国議会貴族院議事

速記録』四六巻、東京大学出版会、一九八二年、四九三頁）。
(16) 大木源二、前掲『花井卓蔵全伝』上巻、四八九－九〇頁。
(17) 同（16）、五四六頁。
(18) 田川大吉郎『慙恨録』現代社、明治三六年、一九－二〇頁。
(19) 同（18）、一八頁。
(20) 島津は八三二票で次点、田川は七六八票。ただし合計票は田川の観測通り一六〇〇票だった。
(21) 田川大吉郎、前掲『慙恨録』一六頁。
(22) 同（21）。
(23) 同（21）、四四頁。
(24) 同（21）。
(25) 同（21）、四五－六頁。
(26) 同（21）、六四頁。
(27) 同（21）、一一四－五頁。
(28) 同（21）、一二二頁。
(29) 同（21）、一三三頁。
(30) 同（21）、一三二頁。
(31) 同（21）、一七一－二頁。
(32) 同（21）、二〇九頁。
(33) 同（21）、二一二頁。
(34) 同（21）、一二〇頁。
(35) 『第三帝国』第七六・七七号、大正五年一〇月一五日・一一月一日に連載。ここでも田川は自らの陣営の選挙違反に言及している。

(36)『議会制度百年史 院内会派編 衆議院の部』衆議院・参議院、一九九〇年と『自第一回帝国議会至第九十二回帝国議会 衆議院議員党籍録』衆議院事務局、一九五七年を併用して作成した。
(37) 花井卓蔵、前掲『争鹿記』二二頁。
(38) 同(37)、七〇頁。
(39) 同(37)、七四頁。
(40) 同(37)、八九頁。
(41) 同(37)、一二九頁。
(42) 例えば、マックス・ヴェーバー(脇圭平訳)『職業としての政治』岩波文庫、一九八〇年、五〇－五頁。
(43) 花井卓蔵、前掲『争鹿記』一九八頁。
(44) 花井卓蔵『軍国議会史要――第二十・二十一・二十二議会の経過』明治四〇年。本稿では昭和五年春秋社版を使用、三九頁。
(45) 同(44)、四二頁。
(46) 同(44)、四九頁。
(47) この問題については、本書第一章を参照。
(48) 花井卓蔵、前掲『軍国議会史要』一一二－三頁。
(49) 大木源二、前掲『花井卓蔵全伝』上巻、五一五頁。
(50) 同(49)。
(51) 大木源二、前掲『花井卓蔵全伝』下巻、一三頁。
(52) 田川大吉郎、前掲『慙恨録』二〇－一頁。
(53) 同(52)、二二－四頁。
(54) 田川の回想は「田川大吉郎氏談話速記(昭和一六年一一月五日～一七年一月一五日)」広瀬順晧監修・編集『政治談話速記録―憲政史編纂会旧蔵』第六巻、ゆまに書房、一九九九年があるが、憲政史編纂の関係上からか議会運営の回想・批判が中心を占め、自らの政党所属については、政友会に復帰した尾崎行雄からの政友会入りの勧誘を拒否した問題に言及する（二〇四－五頁）に止まる。
(55) 田川大吉郎『都の机より』実業之世界社、大正四年、一六三頁。
(56) 同(55)、一六三－四頁。
(57) 田川大吉郎『政党及び政党史』政治教育協会、昭和四年、九－一〇頁にも、政党論の大前提としてこの問題に言及している。
(58) 田川大吉郎、前掲『都の机より』一六六頁。
(59) 同(58)、二〇八頁。
(60) 同(58)、二〇二頁。
(61) 同(58)、二〇三頁。
(62) 遠藤興一、前掲「政党政治家 田川大吉郎」五九－六〇頁では、田川が国民党を脱党する段階で、「幹部の予算案に対する緩慢、不熱心」を理由に挙げたことを指摘し、本文紹介資料との連続性（「主義方針の漠然」）に注目している。
(63) 田川大吉郎、前掲『都の机より』二〇九頁。
(64) 同(63)、二〇九－一〇頁。
(65) 同(63)、二一一頁。
(66) 同(63)、二一〇－一頁。
(67) 一九二一年二月に尾崎と田川は普通選挙法案に対する一事不再議主張をめぐり憲政会を除名された。その後、両者は革新倶楽部、新正倶楽部、第一控室、第二控室、第一議員倶楽部、同交会を遍歴する。この間の事績については、前掲の遠藤興一氏の研究、及び楠精一郎『大政翼賛会に抗した40人—自民党源流の代議士たち』朝日新聞社、二〇〇六年を参照。
(68) 辞職した花井の後任には、同じ中正会の早速整爾が就任した。しかし、翌年一〇月の憲政会結成に早速も参加し、議長・副議長ともに憲政会が占める事となった。なお専門家の意見を聴くための公聴委員会を設けようとした田川の提案につき、花井副議長が「衆議院議員以外の人が此の堂に入って物を言ふことは宜しくない」と反対したため、頓挫したと田川の回想にはあり（前掲「田川大吉郎氏談話速記」一四九頁）、ここでは両者の議会観の違いがうかがえる。

(69) 大木源二、前掲『花井卓蔵全伝』上巻、五二二頁。

(70) 田川大吉郎、前掲『政党及び政党史』「第七章 主張の変化による代議士の進退」一〇一頁。

第三章　政友本党の基礎研究
―現存する「党報」を素材として―

序　本章の課題

政友本党は大正一三年一月に政友会から分裂した政党である。同年五月の総選挙敗北による野党転落、一四年の五月雨式脱党による第三党化、昭和二年六月の憲政会との合同・民政党設立による解党という三つのネガティヴな履歴ゆえに政友本党は政治史上軽視されてきた。しかも僅かな研究では党首床次竹二郎の政権欲から発する混迷した政治行動と政友本党の活動はほぼ同一視され、政友本党＝床次党という史観が定着し政党としての本格的な分析はなされずにここに至っている。更に解党後速やかに正史『政友本党誌』が編纂された事も、皮肉な事に研究者の分析意欲を鈍いものとさせていた(1)。

しかし一〇〇名を超す所属代議士を擁する大政党である政友本党を床次の「個人商店」としてとらえることには無理がある。しかも政友本党は結党時には党首を置かず、選挙の敗北をうけ総務・選挙委員長を兼務していた床次が、山本達雄の固辞により党首に就任したという複雑な経緯すら見逃されている事が多い(2)。

本章の課題はこれまでの史観から自由な立場に立ち、政友本党という政党の組織活動を虚心に分析することをめざすものである。しかも副題にあるように政友本党が刊行した機関誌「党報」を基本史料とする。政党研究における一般的な障害は史料の散逸・消滅にあり、基本史料たる政党機関誌が系統的に保存されているか否かが重要な点である。政友本党の機関誌「党報」は残念ながら刊行された三五冊は全て保存されてはいない。まずは「党報」の存在を調査すること自体が研究の重要な位置を占める。そこで準備段階で幾ばくかの史料調査を行なった結果、一〇冊の存在を確認するに至った（詳細は章末の付録を参照されたい(3)）。そして「党報」には正史『政友本党誌』を凌駕する論文・「雑報」欄を中心とする多くの情報が盛り込まれており、正史の限界も認識し得た。

管見の限り「党報」を活用した政友本党研究は皆無である。もとより、すべての「党報」を揃えてから研究を行なうべきという見解もあるであろう。しかし、たとえ一〇冊であっても、その内容を分析し同時に目次等データを公にし、学界の共通財産とする作業にはやはり意義があるであろう。基礎研究と題したゆえんであり、同時に「党報」の存在が確認できない中期の分析を後日にゆずり、初期・末期に分析を限定したゆえんでもある。

第一節では「党報」二・三・四・五号の分析を通じ初期政友本党の組織活動を明らかにする。第二節では末期の「党報」二九・三〇・三二・三三・三四・三五号の分析を通じ政友本党の地方組織活動を明らかにする。もとより史料的制約が強い状況での素朴な分析であるが、政友本党の新たな肖像を描くことをめざすものである。

なお「党報」の引用にあたっては、例えば二号であれば（②山本論文）とのみ文中に示す。付録に正式なタイトルが出ているので併せて参照されたい。

第一節　初期「党報」の分析

（一）党理念の模索

新党が直面する最初の課題は、党の存在意義を、例えば理念の形で示す事である。「党報」二・三号は全く党の組織活動に関する記事がない反面、七名の幹部級政治家が論文（演説要旨を含む）の形で各々政友本党の存在意義を論じている。果たしてそこでは何が論じられていただろうか。

まず山本達雄（総務）は政友本党の根本精神は「政界の刷新」であるとし、特に政治道徳の問題で伊藤博文が政友会設立の際に行なった演説の「模範的政党の樹立を理想とす」という言葉を引き合いに出し、この理想の実現こそが党の目的であるとした（②山本論文）。

では「模範的政党」の理念はいかに具体化されたのだろうか。床次竹二郎はそれを次のように表現する。

故に国家民人の休戚を念とする穏健着実なる政党を新に組織して社会上には協調偕和の主義を唱へ、政治上には政界縦断の理想を主張するに到ったのであります（②床次論文）

協調偕和はこうした政党がよく唱えるスローガンであるが、政友本党のユニークな点は後段の「政界縦断の理想」であろう。すなわち原敬が腐心してきた衆議院と貴族院の妥協協調こそが政治の本道であるとする、具体的な政治技術を理想の域まで高めていたことに注目しなくてはならない。かかる「具体的な理想論」という文脈から他の論文をみると、共通認識が以下のように浸透していたことがうかがえる。

憲法政治は向上妥協偕和の政治であって、急躁詭激を排し中道を歩む政治であらねばならぬ（②中橋論文）

政友会は国家の中堅となりて、国家の事を双肩に担ひたるも、此度の事変に依り、其中心勢力を失ひたり。仍て我党は之に代って、国家の中堅となり、貴族院と協調を保ちて国家内外の重きに任じ、国利民福を増進せんと欲するものなり（②杉田論文）

二番目に挙げた杉田定一は貴族院議員であり、両院協調のシンボルともいえる存在であったであろう。

更に初代幹事長に就任した高橋光威は、両院協調が憲法解釈からみても正統性を有すると以下のように論じた。

我国は憲法に於て明かに二院制度を認めて居る。憲法の草案者にして我党の創設者たる伊藤公は、憲法運用の円満に深く心を潜め、一方ならぬ苦心を重ねられたもので、(中略)斯くして下院に於ける多数党と上院の多数派と策動響応して上下機関の運転に無理のかからぬよう意を致されたのであった(②高橋論文)

以上のように、「党報」二号で集大成された党理念に関する議論は三号の松田源治論文にも「協調偕和円満」と抽象化されたスローガンとして引き継がれたが、それと対照的に鳩山一郎(相談役)は更なる具体化を試みた。

反対派の人々は何が何んでも貴族院と云ふものの権限を潰して仕舞はうとして、衆議院の専制政治を行はうとして居るのであるが、政友本党の人は矢張り貴族院は貴族院として存在せしめて、貴族院と衆議院との縦断を行なって政界中心勢力を造らうとする、一般的に階級の調和を為さむとし、(中略)茲に政界の中心勢力を作って以って人心の動揺の主なる原因を取除かむとする次第なのであります(③鳩山論文)

政友本党の理念は、「政界縦断の理想」という極めて実際的なわかりやすいものであった。しかしそれゆえに、単なるお題目的なスローガンに留まらずその成否が問われる場合が有り得る。例えば鳩山が示した目標である「政界中心勢力」を作ることができなければ、党の存在意義が問われる可能性がある。結局鳩山は一四年一二月に二二名の政友本党脱党グループに加わった。[4] その一因には党理念の実現性への失望感があったのかもしれない。

こうした危うさを内包しつつ理念を打ち立てた政友本党は、党組織を本格的に形成する。

(二) 党組織の形成

序でもみたように『政友本党誌』がこれまでの研究の基礎文献というべき位置にある。例えば、総選挙後に党則改正・総裁制を導入し床次が就任した経緯等党幹部の整備に関する問題については「党報」には新しい情報はない。しかし「党報」四号から新設されたと考えられる〈党報〉欄と『政友本党誌』を比較してみると、党の日常的な活動とりわけ政務調査という党の要を占める活動の組織化に関する問題は『政友本党誌』にはなく「党報」のみに記録されている事例が多い。本稿では政務調査の問題に集中して、組織化の経緯をたどる。

政友本党内に政務調査会が設置されたのは大正一三年六月九日のことであり、その名称はあくまで「臨時政務調査会」という位置付けであった。その組織は次の通りである。

会長一名（田中隆三）・副会長二名・理事八名
第一部（内閣拓殖）部長一名・副部長一名・部員二五名
第二部（外務）部長一名・副部長一名・部員二五名
第三部（内務）部長一名・副部長一名・部員二五名
第四部（大蔵）部長一名・副部長一名・部員二五名
第五部（陸海軍）部長一名・副部長一名・部員二四名
第六部（文部司法）部長一名・副部長一名・部員二六名
第七部（逓信）部長一名・副部長一名・部員二四名
第八部（農務）部長一名・副部長一名・部員二九名
第九部（商工）部長一名・副部長一名・部員二四名
第十部（鉄道）部長一名・副部長一名・部員二四名

（④臨時政務調査会設置より）

二六名から最多の農務三一名までの十部会の構成員は三〇〇人に迫り、一一四代議士を遥かに超える数である。すなわち部会の構成員には相当数の前代議士、更には非議員が加わっており、その中には戦後政治で活躍した大野伴睦（第二部）・益谷秀次（第六部）という名前がみられることは誠に興味深い（一三年総選挙で大野は岐阜三区で、益谷は前職として石川五区で立候補し、それぞれ落選している）。すなわちこの段階での政務調査会は代議士以外に「開かれた」会合であったと言えるであろう。もとよりその活動状況も活発であったことは「党報」の記事からうかがえる[5]。
ところがその構成が一変するのは六月三〇日の段階である。臨時の字が取れ改めて発足した政務調査会の構成は次のように変化していた。

会長一名（小橋一太）・副会長二名・理事七名
第一部（内閣拓殖）部長一名・副部長一名・部員八名
第二部（外務）部長一名・副部長一名・部員八名
第三部（内務）部長一名・副部長一名・部員八名
第四部（大蔵）部長一名・副部長一名・部員八名
第五部（陸海軍）部長一名・副部長一名・部員八名
第六部（司法）部長一名・副部長一名・部員八名
第七部（文部）部長一名・副部長一名・部員八名
第八部（逓信）部長一名・副部長一名・部員十名
第九部（農商務）部長一名・副部長一名・部員八名
第十部（鉄道）部長一名・副部長一名・部員八名　　（④政務調査会設置より）

文部司法が分かれ、農務・商工が農商務となった変化も興味深いが、それより重要な変化は構成員の激減である。第八部の例外を除き各部は一律一〇名に限定され、構成員総数一一二名となったことは、結局メンバーが代議士に限定されたことを意味する。代議士以外の構成員がむしろ多数を占める「開かれた会合」は短期に留まり、議員中心の整然たる官僚制をも想起できる組織に移行したのである。

議員中心政党としての組織構造を明白にした政友本党は議員の議会活動をも整然と行なうために、六月二四日の代議士会で以下の「議案提出に関する規程」を定めた。

一、法律案、建議案其他総ての議案を提出せんとするときは予め院内総務の承認を経るを要す。但し院内総務に於て必要ありと認むるときは政務調査会に提出して其の決議を経べきものとす

一、質問書を提出せんとするときは予め院内総務の同意を求むべし

一、党員外より提出する法律案、建議案、其他総ての議案に賛成せんとする者は予め院内総務の同意を求むべし　（④議員総会及代議士会）

院内総務の統制を明確に定めたルールの下、政友本党は第四十九帝国議会に臨み、農村振興、義務教育費国庫負担増額、水産助成、預金部資金運用委員会設置の四大建議案を提出し、野党としての議会活動を開始するに至ったのである（⑤第五章重要建議案）。

初期政友本党は、実際的な理念と議員中心政党としての整然たる組織の確立に勤しむ実務的な政党と

位置付ける事が出来るのではないか。

第二節　「党報」に見る地方組織

大正一五年は政友本党にとって結果的に最期の一年となったが、決して政党としての活動が停滞していたわけではない。本節で問題とする地方組織の整備については、現存する「党報」を見る限りかなり精力的に行なわれていた。まず時系列的な活動状況を一覧してみよう。

「党報」二九・三〇・三二・三三号における地方活動状況

大正一五年
八月二四日　青森県支部臨時総会（青森市公会堂）、政談演説会（遊楽座）
八月二七日　北海道遊説（小樽中央座）
八月二八日　北海道遊説（札幌新善光寺）
八月二九日　北海道遊説（室蘭錦座）
八月三〇日　北海道遊説（室蘭和遊館・共楽座）　（以上㉙雑報）

九月一五日　栃木県支部総会・政談演説会・党員懇親会（宇都宮市宮舛座）
九月二二日　新潟県支部発会式・政談演説会（長岡市公会堂）
九月二四日　山形支部発会式・懇親会・政談演説会（新庄町三好座）
一〇月　三日　名古屋床次会発会式（末広座・帝国座・中座）
　　　　　　　愛知支部政談演説会（末広座・教化会館）
一〇月　四日　政治更新連盟政談演説会（愛知県一宮市公会堂）[6]
　　　　　　　政友本党演説会（愛知県一宮市真澄座）
一〇月一三日　岐阜県床次会発会式　　（以上㉚雑報）
一一月一一日　愛知県床次会尾北支部発会式（犬山町相生座）、政談演説会（相生座・真楽座）
一一月二一日　岩手県支部総会・政談演説会（盛岡市藤澤座）
一一月二二日　宮城県支部総会（佐沼町繭糸市場）・公開演説会（佐沼町繭糸市場・馬券場・米屋
　　　　　　　町乾繭市場）
一一月二三日　宮城県床次会発会式・政談演説会（仙台市公会堂）
一二月　二日　熊本支部総会（九州新聞社支部楼上）、政談演説会（熊本市公会堂）
一二月　四日　政談演説会（鹿児島市中座）、鹿児島支部役員総会（鶴鳴館）
一二月一〇日　静岡県支部大会・政談演説会（静岡市歌舞伎座）　　（以上㉜雑報）

昭和二年

一月一二日　滋賀県支部総会（彦根町伊勢茂楼）　（㉝滋賀本党総会）

以上に整理した範囲で見る限り、最も活発で注目に値するのは東海地方の活動であり次いで東北地方が挙げられる。しかもその活動形態は次に見るように一様ではなかった。

東海地方

政友本党にとって東海地方は三重県を除き憲政会との小選挙区一騎打ちの場であり、同時にその力の差を見せつけられた地域でもある。例えば、大正一三年総選挙結果を整理すると次のようになる。(7)

愛知	憲政会 一〇議席	政友本党 四議席	その他 三議席
静岡	憲政会 六議席	政友本党 四議席	政友会 二議席	その他 一議席
岐阜	憲政会 五議席	政友本党 二議席	政友会 一議席	その他 二議席

三県で政友本党の倍の議席を確保した憲政会の牙城は、一五年一月に死亡した党首加藤高明前首相の出身地愛知県であったことは周知の事実である。しかるに政友本党は東海地方の都市部で組織作りに果敢に挑んでいた。その代表的な試みは一五年一〇月の「名古屋床次会」と称する組織の構築であった。

『党報』はそれを次のように伝える。

政友本党総裁床次竹二郎氏の政治的後援を目的として発起せられたる名古屋床次会の発会式は十月三日同市に於て挙行された出席会員は名古屋市の各階級を網羅し其数実に一万三千余名末広座、帝国座、中座の三ヶ所に会場を分ち　（後略、㉚雑報）

当時行なわれた政友本党主催演説会等の会合の出席者が二～三〇〇〇人の単位であり、名古屋市（愛知一区）の当選ラインが四三〇〇票であったことに鑑みると、やはり一万人を超える動員を実現した事は特筆に値する。そしてこのように党首を前面に立て、都市部で後援会という形式で大量の動員を試みる組織活動が行なわれたことは、来るべき第一回男子普通選挙に積極的に対応する戦術であった事は確実であろう。

都市部でのデモンストレーションは周辺部にも影響を与え、翌一〇月四日には早速、一宮市政友本党演説会で「入党者実に三千余名」という成果に現れ、岐阜県床次会については「五千名以上」の参加が見込まれていた（㉚雑報）。東海地方における政友本党の活動は正しく、急増する有権者の関心を党首にひきつける「都市型選挙」の原型を示しているといえるだろう。しかし政友本党の地方組織はそれのみではなかった。

東北地方

一三年総選挙で東北地方は各県によって議席の帰趨は大きく異なった。政友本党の活動が見られる県に限定してもその結果は次に見るように一様ではなかった。

青森	政友本党 四議席	憲政会 一議席	その他 二議席
岩手	政友会 五議席	政友本党 一議席	憲政会 一議席
宮城	憲政会 四議席	政友会 二議席	政友本党 一議席
山形	政友会 六議席	憲政会 一議席	その他 二議席

政友本党は東北各県の政治的個性に応じた活動をしていた。まず政友本党の議席が多い青森県についてはいわゆる地盤を引き締めるための活動を、例えば一五年八月に以下のように行なっていた。

青森支部臨時総会には野村、原田、兼田三代議士鳴海貴族院議員、河野県会議長以下十二県会議員を初め元前代議士等支部の有力者百（一字欠）十余名出席し新たに野村代議士を支部長に推薦して陣容を新にし懇親会には二百五十余名の出席者あり是等は何れも前記三代議士の地盤を中心に各市郡の有力者のみで　（後略、㉙雑報）

先に見た名古屋市の大量動員とは対照的に、百人単位の参加者で結束強化を地道に確認していく青森に於ける戦術は古典的な名望家政党に近い組織活動といえるであろう(8)。

さて原敬以来の伝統で政友会地盤が強い岩手では、政友本党は一五年一一月二一日の政友会の支部総会と同日に支部総会を開くという興味深い戦術をとった。「党報」はその状況を次のように伝える。

本部より床次総裁、中西常務顧問、中林遊説部長、寺田、曾木両遊説理事、滝総裁秘書等臨席、支部側より柏田代議士、田子遊説副部長、其他県内党員二千三百余名出席

同日政友会も盛岡座に支部総会を開き水野錬太郎氏等出席、大いに気勢を揚げたる為、現内閣糾弾の気分は市内に横溢した　（いずれも㉜雑報）

いうまでもなく当時政友本党と政友会は第一次若槻内閣の野党であるという点では共通しており、政友会の強力な地盤ではこのような野党共闘ともいうべきスタイルで国政と結びつけ、党の存在を印象づける組織活動を選択したといえる。

続いて東北第一の都市仙台を抱える宮城県では、政友本党の党勢は他の二党の後塵を拝していた。従ってここで政友本党はやはり名古屋市同様の「床次会」と称する党首後援会スタイルの都市型組織活動を次のように行なっていた。

宮城県床次会発会式は十一月二十三日午後一時より仙台市公会堂に於て挙行、床次政友本党総裁の人格識見を崇拝する県下各方面の官民有志及在仙台九州出身者等、二千八百余名参集　（㉜雑報）

但し形態こそ似ていても一万人を超えた名古屋市とは対照的に、仙台市（宮城一区）の当選ライン二四〇〇票とほぼ同等の二八〇〇人に留まったことは、第一回男子普通選挙をにらむ「都市型選挙活動」の動員力が未だ試行錯誤の段階にあったことをうかがわせる。

最後に政友本党議席がゼロの山形県の問題である。政友本党はやはり組織を一から作るという地道な活動を山形県では重視しており、例えばそれは都市部ではない新庄町に倶楽部をつくるという方式で試みられ、一五年九月の発会式には床次総裁を初めとする幹部級政治家が次のように詰め掛けていた。

政友本党最上公友倶楽部発会式は二十四日午前十時より山形新庄町三好座に挙行本部より床次総裁、榊田顧問、松田総務、中林、岩切、星代議士、滝総務、秘書等臨席、最上郡内有力者にて此度入党せる者一千余名出席

午後一時より政談演説会に移り聴衆に二千五百余名総裁は万雷の如き拍手と歓呼の声に迎へられて登壇別項の如き演説を為して多大の感激を与へ以下各代議士の演説あり午後五時盛会裡に散会した此日新に一千五百名の入党者があった　（㉚雑報）

政友本党空白地域に於ける党を挙げての組織作りはやはり効果的であり、この場合には党員倍増という成果が得られた。

以上五県につき分析を加えたが、改めてここに整理すると政友本党地方組織の多層性が浮かび上がる。

① 党首後援会・大量動員を特徴とする都市部組織（愛知・宮城）
② 国政を争点に野党間連携を利用する地方組織（岩手）
③ 地元代議士を中心に確立した地盤を堅持する地方組織（青森）
④ 地盤を開拓すべく新たに立ち上がる地方組織（山形）

もとより限られた事例の分析であるが、そこには①②のような普通選挙時代の到来を意識した地盤に依存しない組織活動と、③④のような地盤中心型の組織活動との新旧交差が見られる。このような地方組織活動の多様性は政友本党という政党の性格を考える際に重要である。政友本党には第二次憲政擁護運動に背を向け、普通選挙導入についても消極的であったが故に「守旧派」のレッテルが貼られ、その組織活動も古臭いものと見られてきた。しかるに政友本党は時代の趨勢に鈍感であったわけではなく、選択的ではあるにせよ積極的に対応し、少なくともその背景には都市部と非都市部とを分ける基本的な戦略がうかがえる。前節では政友本党の実際的な理念・整然たる組織整備に着目し政友本党を実務的政党と考察したが、都市化・大衆化という新たな政治課題に対しても、政友本党はその組織活動に新しい要素を取り込むことで実務的に対応していたのではないだろうか。

むすび

現在アクセス可能な「党報」を手がかりに政友本党の組織活動の分析を試みた本章は、史料的制約という留保つきながら、政友本党の新旧の二面性を明らかにし得たと思量する。そしてその二面性には、いわゆる政党の近代化を示す図式として周知の〈名望家政党から大衆政党へ〉という発展形態がやはり投影されていたといえる。

先ず第一節（一）では幹部級の論文を中心に党理念がどのように描き出されたかを分析したが、そこに二面性を見出す事は可能である。すなわち「協調偕和」という新味のないスローガンの域を出ない理念表明はいかにも名望家政党としての保守性を示しているが、同時に「政界縦断の理想」という政治の大衆化時代に適合する、分かりやすい目標が提起されていたことも同等に注目されなくてはならない。但しその明快な目標故に党内の亀裂を招いた事は否定できず、ここに過渡期政党の運営の難しさが示されている。

次に第一節（二）で見た、政党の近代化に欠かせない政務調査組織の整備過程にも二面性は色濃く見られる。「臨時政務調査会」としてスタートした組織の構成員は、代議士のみならず非議員も含む極めて大規模の牧歌的な姿であった。しかしそれが「政務調査会」として正式に発足するにあたっては、構成員は代議士に限定され官僚制に類似した少数者の組織へと変貌した。ロベルト・ミヘルスは「少数支配の鉄則」という形で大衆政党の組織化がたどる必然的な道筋を示したが、政友本党も極めてスムーズにそのコースに沿っていたと言えるのではないだろうか。

こうした二面性が最も明白に見られるのは第二節で検討した、来るべき普通選挙の最前線となる地方組織活動である。名望家政党に特徴的な地盤依存型活動は確かに温存されてはいる。しかし地盤のない大都市部での党首後援会の設立に代表される、大衆の組織化をめざす活動が同時に活発に行なわれていたことは、政友本党評価にあたり看過できない問題である。

政友本党はその保守性・後進性のみが語られることが多かった。しかし限られた資料の分析結果ではあるが、本章は政党の近代化と言うべき現象が、たとえ萌芽的であるにせよ政友本党の活動に十分に確認できることを明らかにした。更に仮説をすすめるならば、こうした新時代への萌芽を内包するが故に、政友本党は憲政会と合同し立ち上げた新党・民政党の組織活動に貢献し、少なくとも第一回男子普通選挙（昭和三年総選挙）における同党の健闘の一翼を担えたのではないだろうか。

（1）麻生大作編『政友本党誌』（一九二七年）を活用し政友本党に関する評価を定めた代表的な史論は石上良平『政党史論　原敬没後』（一九六〇年、中央公論社）である。石上は政友本党を政局史の観点からとらえ、「宣言も政綱も極めて平凡なものでここに摘記するに値いしない」（一八三頁）とみなし、政党としての政友本党分析からは距離をおいている。宣言・政綱については村川一郎『日本保守党小史』（一九七八年、教育社）に引用があるが、分析は試みられていない。

（2）総裁制を導入する党則改正を決定した大正一三年六月二四日の臨時党大会に関しても前掲『政友本党誌』は六二－五頁にその模様を要記しているのに比して、『党報』四号「臨時大会」記事は一－五、一二－六頁に議事プロセスを記録し、例えば『政友本党誌』に採録されていない山本達雄総務演説・高橋光威幹事長挨拶が見られる等情報量はやはり優っている。

（3）調査の際遺憾ではあるが、目録に記載されていたが現在の所在状況が不明である『党報』が存在したので、今後の探索の参考とするためそのデータを記載しておく。

『衆議院図書館目録上　昭和一五年末現在』（一九四二年、一二月）四六頁

党報　政友本党編　目録番号〇五六二－五

自第一九号（大正一四年一〇月）至第三五号（昭和二年三月）

同二九九頁

党報　政友本党編　目録番号二九二〇－二

一三、一五、一六、二〇、二一号（大正一四年）

現在衆議院図書館はなく、国立国会図書館にこの部分の『党報』が引き継がれていない、あるいは未整理である可能性が判明した。政友本党研究の進展のためこうした埋もれた資料の調査・公開を期待して止まない。

（4）脱党の理由はやはり「政界中心勢力」をめぐる見解の相違であった。脱党グループは「在野たる政本二党に

して凡て既往の偏執を去り専ら現在の政情に基て将来の大計を図り、提携か合同か何れにしても其実力を統一すれば依つて以て議会の大勢を制するに余りあり」（前掲『政友本党誌』一六六頁）と政友会との提携路線の破綻を脱党理由としたのに対し、幹部は「本党は依然として八十名以上を有して第三党として相変わらず衆議院にキャスチングボートを握って居て有力な立場にあるから異分子の去った後の本党は（中略）威力を発揮する点に於ては是れ迄以上に有力である」（前掲『政友本党誌』一六七頁）と第三党路線から党の結束を鼓舞していた。

なお土川信男「政党内閣期における床次竹二郎の政権戦略」（北岡・御厨編『戦争・復興・発展　昭和政治史における権力と思想』二〇〇〇年、東京大学出版会）は新聞資料を中心に政友本党の政権戦略を跡付けている。

（5）大正一三年六月の活動状況は以下の通りである。

一二日総会・役員会＊、一三日大蔵部会＊、一四日農村振興委員会・外務部会、一六日震災振興特別委員会・選挙法改正委員会、一七日行政整理委員会、一八日内閣拓殖部会＊、一九日内務部会＊・鉄道部会＊・選挙法改正委員会＊、二〇日外務部会＊、二三日外務部会＊（④臨時政務調査会の経過概要、＊は前掲『政友本党誌』不採録分）

（6）この演説会は政友本党と実業同志会との合同で行なわれ、「同志会側より武藤会長羽室代議士等外連盟会員三千五百余名出席」（㉚雑報）という大規模なものであった。当時九名の代議士を擁した小政党、実業同志会との興味深い連携である。

（7）三重県は小政党・無所属候補が強い異質の政治風土であり、一一議席中、小政党・無所属五、政友本党四、憲政会二であり例外的に憲政会が弱かった。なお選挙区は完全小選挙区ではなく二人区・三人区が混在し、例えば当時の名古屋市を範囲とする愛知一区は三人区であり、憲政会・政友本党は二名ずつ候補を立てたが、次のような結果であり、党勢の差は明白であった。

当　小山松寿　七五五二　憲政会

当　田中善立　七三八一　憲政会

当　加藤鐐五郎　四三九二　政友本党
　　加藤重三郎　四二二三　政友本党

（8）青森県と同様の古典的組織活動が見られるのは、党首床次の出身地鹿児島県である。政友本党の金城湯池ともいうべき同県では、一五年一二月四日に先ず演説会を開き（「聴衆二千余名」）、その後支部役員総会を「六百余名」で開き「県下の党勢拡張に関し打合せ」を行なった（㉜雑報）。

〈付録〉本章利用「党報」目次

凡例：①コラム等執筆者が明確でなく、政党自体の活動から離れた小記事・閑文字は採録しなかった。
②〈時局の展望台〉欄は執筆者が明確ではなく、記事内容の断片をそのまま見出しとしているため採録しなかった。
③〈本党会報〉欄は同一見出しの記事が多いため、一括して示した。

＊第二号（大正一三年四月一日、一六頁）　［国立国会図書館憲政資料室所蔵「大久保利謙旧蔵文書」一〇五］
政友本党創立の趣旨　総務　男爵　山本達雄
清新の天地に新党の樹立　総務　床次竹二郎
政友本党と我憲政の大義　総務　中橋徳五郎
自由党伝統の精神維持の為め　総務　杉田定一
政友本党成立の根本議　幹事長　高橋光威

＊第三号（大正一三年五月一日、一六頁）　［東京大学明治新聞雑誌文庫所蔵］
真の憲政擁護　相談役　松田源治
政友本党の真使命　相談役　鳩山一郎

＊第四号（大正一三年七月一日、三七頁）　［東京大学明治新聞雑誌文庫所蔵］
臨時大会に於ける山本総務の挨拶
臨時大会に於ける床次総裁の演説
〈党報〉　役員連合会・茶話会・選挙後の議員総会・対米決議・臨時大会・議員総会及代議士会・総裁の招待会・代議員招待会・院内幹事の事務分担・正副議長候補・全院委員長候補・我党常任委員・政務調査会の設置・相談役会・院外団大会・本党所属代議士・臨時政務調査会設置・農村振興促進会

臨時政務調査会の経過概要
＊第五号（大正一三年八月一五日、二六頁）［東京大学明治新聞雑誌文庫所蔵］
第四十九議会報告書
第一章 対議会方針
第二章 追加予算
第三章 政務次官問題
第四章 外交問題
第五章 重要建議案
第六章 重要法律案
第七章 普選問題
第八章 貴族院改革問題
第九章 結論
〈党報〉 議員総会に於ける床次総裁の演説
＊第二九号（大正一五年九月二〇日、八八頁）［筆者所蔵、古書店「三の橋書店」（東京都町田市）より購入］
志士報国の秋
若槻首相の奇論を嗤ふ　顧問　川原茂輔
国体の尊厳より見たる大逆犯人の怪写真事件　総務　松浦五兵衛
食糧問題と農村振興　衆議院議員　東郷實
〈憂世愛国の獅子吼〉
長野事件に鑑み郡廃善後措置を論ず　幹事長　小橋一太
既成政党の悩み　幹事　津崎尚武
政局不安の因と政党の使命　研究会某勅選議員

司法権冒涜は現内閣第一の失政　常務顧問　中村啓次郎
人権を蹂躙せる現内閣の責任を問ふ　遊説副部長　中林友信
党略に没頭する現内閣の非違を難ず　幹事　志村清右衛門
現内閣の綱紀紊乱　綱紀紊乱調査委員　中山貞雄
憲政会の弱点　前代議士　菊池武徳
天津橋上杜鵑の声
国体擁護と怪写真
〈他山の石〉農村振興策の検討
〈藻塩草〉議会政治の凋落・医術国有論・物質主義と政治・儒教の政治観念・丁抹の青年教養
〈雑報〉青森県の本党・総裁静岡県視察・大阪補選の結果・石川県遊説・秋田町村会長選挙・本党の勢力近く東北の天地を風靡せん・青森支部総会・北海道遊説・院外団幹事会
〈本党会報〉定例幹部会三件・臨時幹部会三件・総務幹事会三件等
〈評論の評論〉減刑の論争・普選のすがた
〈時局の展望台〉
＊第三〇号（大正一五年一〇月二〇日、六〇頁、講演一六頁）［国立国会図書館所蔵］
〈口絵〉名古屋床次会盛況
国民精神の作興　総裁　床次竹二郎
満蒙に基調を置く対支政策の樹立　幹事　中山貞雄
満蒙問題の世界化　幹事　柏田忠一
〈憂世愛国の獅子吼〉
時局紛糾裡に我党の責任愈重大　幹事長　小橋一太
衆議院解散説は徒に鬼面人を脅すものに過ぎず　顧問　川原茂輔

内閣引退の時期正に到来せり　総務　桜内幸雄
不景気の原因と其根本的救済策　経済更新委員会理事　岩切重雄
自縄自縛の財政難　常務顧問　川村竹治
国体擁護の立場より現内閣の非違を糾弾す　総務　松田源治
〈元田、川原両顧問の激励〉
現内閣諸公は臣子の分を解せりや　元田肇
現内閣の存在は国民の一大恥辱なり　川原茂輔
〈時局の展望台〉
〈藻塩草〉泥合戦の時代・赤松と治水・郵便貯金の利子・怪文書と訴訟法・夕刊政治
〈雑報〉有志代議士会・形勢を一転した愛知県の本党・岐阜県床次会・栃木県支部総会・栃木県下の本党・朴烈、文子事件調査報告・政府問責の各派連合大会・総裁の声明書・新潟県支部発会式・新潟県支部主催の政友本党演説会・床次総裁一行・最上公友倶楽部・新潟及山形の新興勢力・党員大懇親会・名古屋床次会発会式・本党愛知支部政談演説会・政治更新連盟政談演説会・一宮市に於ける政友本党演説会・総裁一行旅程
〈本党会報〉定例幹部会四件・臨時幹部会二件等
〈評論の評論〉庶民金融機関の不備と改善・空景気煽揚
〈通俗講演〉朴烈事件を論じて政府の責任を糾弾す

＊第三二号（大正一五年一二月二五日、五四頁）［国立国会図書館所蔵］
同胞赤子の熱祷
当面の諸問題に就て　総裁　床次竹二郎
現下の政局と純真なる青年　幹事長　小橋一太
内閣の威信失墜　総務　桜内幸雄

金輸解禁に就て　政務調査会副会長　金光庸夫
対支外交の一転機　幹事　中山貞雄
〈憂世愛国の獅子吼〉
聞き捨てならぬ若槻首相の暴言　総務　松田源治
現内閣を屠るは国民当然の責務　衆議院議員　祷苗代
不愉快極まる若槻首相の弁　公正会某男爵議員
先づ政権欲を捨てよ　政友本党某最高幹部
道義匡救の為若槻内閣の引退を望む　研究会某領袖
若槻内閣の負ふべき政局混乱の責　枢密顧問官某氏
政治的生命を失った現内閣の諸公　某枢密顧問官
我党の真使命　政務調査会長　小川郷太郎
〈時局の展望台〉
〈雑報〉愛知県床次会尾北支部発会式・犬山町本党政談演説会・岩手県支部総会・宮城県支部総会・政憲両派に対抗する岩手宮城の本党・宮城床次会発会式・熊本支部総会・熊本支部政談演説会・政本提携問題に関し床次総裁の声明・本党鹿児島支部役員総会及演説会・熊本鹿児島の本党地盤・静岡県支部大会
〈本党会報〉定例幹部会五件等
政本提携問題の経過
＊第三三号（昭和二年一月二七日、六〇頁、付録一二頁）　［国立国会図書館所蔵］
昭和第一の信条
君国の為め正義を基調として邁進すべし　総裁　床次竹二郎
内閣与党の暴戻　幹事長　小橋一太

現内閣の放漫予算　院内総務　中村啓次郎
政治は正義なり文化なり　衆議院議員　金光庸夫
教育制度の改善（上）　衆議院議員　祷苗代
政友本党定例大会
政友本党院外団大会
政友本党議員総会
本党政務調査総会
政務調査委員
衆議院常任委員
院内事務分担
滋賀本党総会
〈時局の展望台〉
〈本党会報〉定例幹部会三件・代議士会二件等
昭和二年度予算概要
〈付録〉大正政治年鑑

＊第三四号（昭和二年二月二〇日、八〇頁）〔国立国会図書館所蔵〕
最高民性美の発露
朴烈問題綱紀問題に対する内閣の責任　総務　松田源治
皇室及国家に対する現内閣の責任感を疑ふ　院内総務　中村啓次郎
不景気問題に関する政府の責任　院内総務　小川郷太郎
政局進展の経過概要
実際政治の妙諦　遊説部長　中林友信

分配案改正の必要　党務副委員長　梼苗代
農漁村金融改善の根本策を確立せよ　衆議院議員　岩切重雄
小作農保護の本党の主張に就て　衆議院議員　東郷實
〈雑報〉内閣不信任案提出・議会停会に対して床次総裁の訓示・三党首会見・予算案に対する態度・不備な
　普選法・鉄道予算と本党・本党青年会設立
〈時局の展望台〉
〈政務調査資料〉
〈本党会報〉代議士会一〇件・臨時幹部会一件等
土地国有の是非・預金部の運用内訳・我国鉄道政策沿革

＊第三五号（昭和二年三月二三日、七一頁）［国立国会図書館所蔵］
所謂憲政の常道
昭和の新政と我党の覚悟　総裁　床次竹二郎
本党連盟懇親会に於ける床次政友本党総裁の演説
新連盟を行った政友本党の真意　幹事長　小橋一太
憲本連盟に就て　院内総務　中村啓次郎
不景気挽回策　相談役　岩切重雄
疲れたる英国と新興の支那　幹事　柏田忠一
移住組合法制定の急務　幹事　津崎尚武
農村振興の根本策に就て　代議士　小島善作
我国政党の進むべき途　衆議院議員　東郷實
政友会には政権が行かない　幹事　中山貞雄
労働立法と現内閣の態度　相談役　蔵園三四郎

政党堕落と国民の責任　代議士会長　大石大
震災手形法案の通過　代議士　佐藤重遠
実際政治の妙諦　院内幹事　寺田市正
財界の不安と震災手形　東株取引所常務理事　長満欽司
昭和新政と本憲連盟　遊説部長　中林友信
震手法案の通過と財界振興　幹事　津崎尚武
金輸出解禁は当面の緊急問題　衆議院議員　前田房之助
台湾利権と綱紀紊乱　幹事　志村清右衛門
電力国営の提唱　総務　八木逸郎
〈時局の展望台〉
〈雑報〉政局に善処すべく床次総裁の決意発表・憲本両党の連盟・本憲連盟懇親会・憲本連合政務調査会・
税制整理と本党
〈地方振興政策〉
〈会報〉代議士会八件・政務調査会六件等
数次の申合せと床次総裁の行動
憲政会との連盟締結に就て

〈註記〉こうした政党機関誌の目次を網羅したものとしては広瀬・季武・村瀬・西川『近代日本政党機関誌記事総覧』全二巻（一九八八年、柏書房）が著名だが、「政友本党の機関誌『党報』と立憲同志会の機関誌『同志』など、一部が確認されたものの全容がいまだ明らかでないため収録を見合わせた」（第一巻、一頁）とするように、『党報』の全容把握は未だ大きな課題である。本目次はもとより一〇号分に過ぎないが、こうした史料状況打開への一つの手がかりとなれば幸である。

第四章　中期政友本党の分析

―新規公開された「党報」を手がかりに―

序　本章の課題

本章は国立国会図書館で新たに公開された政友本党「党報」一二冊を手がかりに、第三章論文の補完をめざすものである。

史料の有無に翻弄されるのは歴史研究の常であるが、刊行された通算三五号の全貌が明らかになっていない「党報」を基本史料とする本研究の遂行は、まさしくその状況に直面している。皮肉な事に第三章の脱稿と相前後した二〇〇六年五月に国立国会図書館で、衆議院図書館（現在は廃止）から引き継がれ、長く未整理状態にあったと見られる「党報」が公開されたのである。[1] 第三章が利用した「党報」と本章で新たに活用が可能となった「党報」号数をまずは列挙しておく。

第三章（一〇冊）二・三・四・五・二九・三〇・三二・三三・三四・三五

本章（一二冊）一九・二〇・二一・二二・二三・二四・二四号外・二五・二六・二七・二八・三一もとより散逸している「党報」（一・六〜一八）はなお多いが、これで全体のほぼ三分の二が把握出来たこととなり、特に一九号から三五号までは揃いの形となった。第三章では必然的に初期と末期の政友本党の分析に絞らざるを得なかったが、今回は中期に位置付けられる大正一四年一〇月から大正一五年八月までが解明可能となり、同時に大正一五年一一月（三一号）の活動の補完が可能となる。標題に「中期」と記したゆえんであるが、以上の事情から末期の分析を一部含むこととなる。

本章の分析視角は基本的に第三章と同じ問題関心に基づいている。それは以下の二点である。

① 政治史上軽視されてきた巨大な第三党・政友本党を従来の史観のように単なる党首・床次竹二郎の個人商店とみなすのではなく、その組織活動を虚心に分析する。

② 政友本党の正史『政友本党誌』（麻生大作編、一九二七年）に収録されていない情報を、これまでの研究で活用されてこなかった新史料「党報」から抽出することで、正史の限界を指摘するとともに政友本党のより精密な実像に接近することをめざす。

第三章では以上の視角に立ち、初期については党組織がいわゆる〈名望家政党から大衆政党へ〉と変質を遂げたことを、末期については来るべき普通選挙に備えた大衆組織化活動に着手していたことを解明し、保守性・後進性のみが語られることの多い政友本党のむしろ新しい性格を分析し得たが、中期の分析を欠いたため分析結果はやはり仮説段階にあったといわざるを得ない。その意味で本章は第三章が提示した仮説を中期という場に於いて再検証する点に存在意義を有する。

その意味で本章の構成も第三章との連続性を意識している。第一節に党中央の運営、第二節に地方組織とりわけ地盤の問題を配したゆえんである。なお「党報」の引用にあたっては前章と同じく、例えば(㉓政友本党定期大会)と号数・略タイトルのみ文中に示す。本章末付録に正式なタイトルが出ているので併せて参照されたい。

第一節　党運営の諸問題

(一)　党内結束の維持

周知の通り、中期政友本党は党存続の危機に直面していた。結成から約二年後の大正一四年一二月二九日に発生した、中橋徳五郎顧問ら二二名による集団脱党事件の展開次第で党は解体するおそれがあった。その意味で対応には迅速さが要求される。翌一五年一月一五日発行(一月一三日印刷納本)の「党報」二二号には「附録」として脱党問題の記事を緊急に挿入し、顛末書と総裁談話・脱党者氏名を三頁にわたり掲載し、まずは情報を明らかにすることで事態の鎮静化を図ったと考えられる。

幸か不幸か、党大会が一月二〇日に迫っていた。党則九条は党大会の構成員を次のように定めていた（以下、党則の引用は「党報」奥付から）。

大会は本党々員ニシテ帝国議会議員及支部ヨリ選出シタル委員ヲ会同シテ之ヲ開クモノトス

但委員ハ一支部二名ヲ以テ定員トス

党大会とそれに関連する諸会合、すなわち院外団大会（一九日）・総裁の党員招待会（二〇日）・幹事長の代議員招待会（二一日）の運営に党の命運はかかっていた。結論からいうと運営は成功し、党の更なる分裂は回避された。しかもセレモニー的な議事に終始した党大会よりも、関連した非公式な諸会合の方に興味深い内容が見られる。前掲『政友本党誌』が四頁しか費やさないのに比して、一三頁にわたり一連の会合を記録している「党報」二三号に依拠して分析する。

先頭を切って一九日に開かれた地方支部・前代議士を中心とする院外団大会は党大会への流れを作る上で重要な位置を占めた。床次総裁の下「三百余名」が集まり本部で開かれた院外団大会で、党組織のあるべき姿を次のように具体的に演説し、党の結束を訴えたのは川原茂輔顧問であった（㉓政友本党院外団大会）。

政党は一朝一夕にして発達するものではない即ち院外が其の基礎となって代議士と云ふ花を結び初めて其処に政党が形造られるのである世間偶々黄白の為に節を屈すると云ふ代議士もあるが之は一時手活けの花を花瓶に挿したると等しく其花は直ちに萎むこと明かである然し地方の地盤即ち其の根幹は何等も影響がないのである凡て政党は地方団体が其力である地方団体にして鞏固ならば其の枝葉が如何に動揺するも敢て意とするに足らないのである　（㉓同前）

こうした川原の発言を大会で具体化したのが「地方に於ける県会議員中より各二名を院外団幹事に推薦する事」とした院外団強化の申し合わせであった（㉓同前）。院外団大会での結束強化の確認が効を奏し、翌日の「六百余名」を集めた党大会も順当に行なわれた（㉓政友本党定期大会）。しかも定期大会終了後の総裁党員招待会（「三百余名」）では再度川原により党の結束における地方の重要性が説かれた（㉓総裁の党員招待会）。

今度の我党大会に地方支部を代表して出席されたる代議員は三十六府県支部にて之が人員は百二十八名の多数に上り空前の盛況を極めた次第で是は我党の地方地盤が如何に鞏固なるかを立証する唯一の材料であらねばならぬ　（㉓同前）

党首床次がこうした際の演説で今回の脱党事件につき「自分の不徳の致す所」（㉓同前）等抽象的な

一般論を説くのに比して、具体論を説く川原との相違は党トップレベルに於ける専門分化と言うべき現象を示すものとして興味深い。第三章で〈名望家政党から大衆政党へ〉政友本党が変質しつつある動向を明らかにしたが、大衆政党の特徴の一つは高邁な理想を説く党首たる「リーダー」と、時には汚れた手段をも用いつつ党組織を通営する「ボス」に党幹部が分化する現象である。(2) 政友本党の危機は「リーダー」床次ではなく、代議士としての経験がはるかに豊富な「ボス」川原の力量によって回避されたと考えるのが妥当ではないだろうか。(3) しかも川原は二一日の地方支部代議員招待会(「二百余名」)にも出席し、三度目の演説を行なっている(㉓幹事長の代議員招待会)。(4) 党の非常時にあたり力量を示した川原は、政友本党創立時の党務委員長でもあった。では党運営が重要な課題となりつつあるこの時点で、「党務」を司る委員会はどのような役割を果たしていたのだろうか。

(二)　党務委員会の改革

党則七条は重要な二委員会の役割を次のように定めている。

政務調査会ニ於テハ党ノ政策ヲ党務委員会ニ於テハ党務ヲ調査研究シテ総裁ニ建議シ又ハ総裁ノ諮問ニ応ズルモノトス

政務調査会は現在のそれとほぼ同じ活動をしており、前掲の正史『政友本党誌』にも相当程度その活動が収録されている。それに比して「党務」という広汎且つ曖昧な対象を任務とする党務委員会は日常の党運営の中に埋没していたためか、『政友本党誌』への収録件数が少ない。それゆえにその活動の実態を「党報」から導き出す価値がある。

第三章では政務調査会の組織化が速やかに行なわれたことを採り上げたが、それと対照的に党務委員会は次のような文字通り総花的な議事を行なっていた。本章が対象とする範囲で党務委員会が最初に登場するのは大正一四年九月一五日の以下の記事である。

午後一時半より本部に於て定例党務員会を開き、高見党務委員長以下委員五十余名、川原顧問、広岡、松田両総務、木下、三輪常務顧問、中村遊説部長、桜内政務調査会長等出席（⑲党務員会）

当時の党務委員長は高見之通であった[5]。当日審議された四項目は次のように要約できる。

一、九州大会延期の件
二、地方支部総会を洩れなく開催する件
三、福井県で一二〇余名の入党があった件
四、山形県補欠選挙と庄内地方の党勢拡張に関する件　（⑲同前より要約）

この議題に当時の「党務」が何を意味したのかが表れている。即ち大会、総会の開催・入党情報・選挙対策と党勢に関し、断片的且つ個別的な対応を協議することに尽きていたといわざるを得ない。これは専門分化を果たしそれぞれの専門ごとに調査する政務調査会とは、全く対照的な運営であった。同年の以後の定例会も以下に見るようなものだった。

一〇月一五日（大会等への派遣・高知補選情勢・島根支部新設）
一一月一六日（高知の情勢その他情勢報告）
一二月一八日（岡山補選情勢その他情勢報告）　（⑳～㉒党務委員会欄より要約）

このように断片的に地方情勢や党勢拡張問題を話し合うという印象を受ける党務委員会が変化するきっかけは、一五年六月二日に高見党務委員長の辞任届が認められ後任に原田佐之治が就任したことであった（㉖総務幹部会及び党務委員長更任）[6]。この人事の背景は不明であるが、この交代をきっかけに党務委員会は七月に次のような新事業を「党報」二七号に明らかにし、これまで欠落していた戦略的且つ系統的な党務運営の指針を示した。

（一）地方の政情調査
（二）地方青年との連絡

（三）宣伝の普及
（四）支部の新設
（五）政治教育運動
（六）重要政策の研究　　（㉗党務会新事業）

しかもこの指針には次のような達成手段が同時に明記されていたことは注目に値する。

（一）は現に各総務幹事等手分けして全国各地を視察中であるから全部視察済みの上夫等の報告を取纏めて党情の安定、党勢の拡張を図るべく
（二）は地方の純真なる青年を中心として各地に政治研究会の如きを起さしめ
（五）の政治教育運動と相俟つて政界の浄化に努むべく
（三）は遊説及文書宣伝を遺漏なからしめ
（四）は支部の設置なき方面には之が新設を企て或は床次総裁の人格を崇敬して設けらるる床次会を中心として有機的活動に便にし
（五）は前記の通り（六）は政務調査会と携へて重要政策の確立を努力する　　（㉗同前）

なお抽象度の高い記述が部分的に残るが、結党直後に整備された政務調査会と比して組織立った取り

組みが遅れていた党務委員会に、初めて集中して取り組むべき課題と方法が与えられ、断片的な党務対応からの脱皮が求められたのである。

ただし以上の党務改革は実行が伴わなくては画餅に帰するといっても過言ではない。その後特に積極的な取り組みが見られ、「党報」にも多くの成果が掲載された地方の政情調査と床次会の二点に焦点をしぼり、「地盤」を軸として次節で考察する。

第二節　地盤の育成

（一）地盤の把握と報道

大正一三年五月の第一五回総選挙で敗北した政友本党にとっては地盤の回復・拡張が課題であり、時に「選挙準備委員会」（一四年一〇月一三日）が設けられ、有権者拡大にともなう勢力調査に着手したこともあった。(7) しかしそうした調査の結果は単に党幹部会等で「報告」されるにとどまり、その成果及びその活用は不透明であった。

前に見た党務改革の一つの帰結はこうした調査結果の公表・活用であった。一五年七月六日の党務委員理事会は地方支部設置・不振支部の発展策と並び「(三) 党報改良主任として一宮房治郎、清水長郷両氏を選定すること」を決定した(㉗党務委員理事会)。「党報」改良の一つの表れは二四号から独立して設けられた地方情勢を主要記事とする〈雑報〉欄の充実であり、党務改革が謳われた二七号は前号の五件に対し一一件に急増し、その後も同欄での地方情勢の報道は充実していった(8)。その動きの中で注目すべき記事は二八号〈雑報〉欄に掲載された「本党の地盤拡張　人心の新たなる動向」である。

もとよりこの記事は党の「企業秘密」に属すべき情報であるが故に一般的な表現に留まらざるを得ない限界があり、同時にやや希望的観測というバイアスがかかっていることは否めない。しかしそうした弊害を念頭においても、これまでの調査の集大成としてほぼ全国の情勢を機関誌の場で党員に報道した事の意義は揺らがないであろう。では把握された地盤はいかなるものであったのかを通覧する。

東北地方は青森支部に一二幹部の動揺ありたる以外各県を通じて党勢には微動だも来さず、却って青年を中心としたる新興階級の間に多くの支持者を出した位で依然として九州に次ぐ中心勢力を維持している(9)。

北信地方は本党として最も勢力稀薄の地であり、且又中橋徳五郎氏一派が盛に魔の手を伸ばして本党の地盤攪乱を策しているけれども、単に中橋氏の郷里石川県に於て幾分の動揺を来したのみで、而も堀代議士が敢然是に対抗して清節を持している為、昨今では旧勢力以外の純真なる人士の間に幾多の同情者を得るに至ったから結果に於ては一を失って十を得たと同様である。

関東は政友会の中心勢力であり、昨冬本党より分離したる同交会一派が入党したることに因って本党としては如何にも大打撃を受けた如くであるが事実に於ては単に旧勢力の間に動揺があったのみに止まり、真に本党に共鳴するの士は旧に倍する状態を現出している。夫と同時に鳩山氏が政友会の幹事長に就任して以来、同党内の関東組にも兎角反感嫉妬が繰返へされ過般行はれた武藤金吉氏を中心とする刷新運動も全く其現はれであって、夫が為に純真なる党員は相率いて離反する有様であり、而も是等の人々が本党に入ることは単に時間の問題と観られている程である。

東海は松浦総務、三輪常務顧問等に拠りて能く其の統制を保たれ岐阜、三重両県の如きは目下一人の代議士を有せざるも潜勢力は優に他党を凌駕するものがあるから次期総選挙には東海全道を通じ現在の倍数以上の議員を選出し得べき形勢を示している。

近畿は中橋氏が大阪を根拠として多年勢力を扶殖し来った所であるに拘らず、氏に対する一般の感情は決して良好ならず、従って政友会に対する反感熾烈なるに反し、床次総裁の人格を敬慕し本党の主張に共鳴するもの多く、是等の人々が大阪、神戸、奈良床次会と相呼応して地盤開拓に努めているから其の前途は頗る洋々たるものがある。

中国、四国は恰も東海と同様の形挙にありて、本党の将来は斉しく刮目の焦点となっている。

九州は遠からず全土善く本党の旗風に靡く形挙を示していることは屢報の通りである。要するに本党の支持者は其の主張態度精神に共鳴すると同時に、床次総裁の人格を讃仰する分子のみであるから、夫丈け根強きものであり、従って政憲両派が如何に権勢を利用して攪乱を試みるとも、却って其の結束を固うせしむるのみであると観られている。（以上㉘本党の地盤拡張）

以上の情勢分析は次のようなレベルに整理して理解する事ができるであろう。

Ⅰ 強固な地盤の地域 ― 東北・九州 ―
Ⅱ 有力議員の統制が効き今後強い地盤への移行が期待できる地域 ― 東海・中国・四国 ―
Ⅲ 努力次第で弱い地盤から脱し得る地域 ― 北信・関東・近畿 ―

この中で最も注目されるのは地盤の弱いⅢのレベルの地域である。来るべき総選挙では男子普通選挙が実現されるため、単に強い地盤を維持するだけの戦いでは前回に続く敗北に甘んじる事は明らかであった。そのため以上の分析で「青年を中心としたる新興階級」（東北）・「純真なる人士」（北信）・「真に本党に共鳴するの士」（関東）・「床次総裁の人格を敬慕し本党の主張に共鳴するもの」（近畿）を新たに開拓すべき支持者として挙げ、「旧勢力」（北信・関東）に対置していることは重要である。それはとりわけⅢの弱い地域の克服策として喫緊の課題であったであろう。

　もとよりその策の具体的な浸透にはなお濃淡があった。関東のように単に政友会党員の離反を期待するのは余りにも希望的観測に止まっていた。それと対照的に、近畿は「大阪、神戸、奈良床次会」という具体的な組織名を挙げ、「地盤開拓」の手ごたえをつかんでいた。かかる重要な役割りを占める床次会とはいかなる経緯で生じ、その後の発展を遂げていったのであろうか。必ずしも全貌が明らかでなかった一連の問題につき次項で解明する。

（二）「床次会」の設立

　近畿に拠点を置く床次会の創立は正史『政友本党誌』にも収録されている。大正一四年一〇月二五日に池松時和前京都府知事・佐多愛彦前大阪医大学長等を発起人として大阪中の島中央公会堂で発会式を行なった床次会には、「床次氏に好意を寄する京阪神の有志学生等二千数百名」が参列していたことが注目される。[10] すなわち代議士・党員を中心に構成される地方支部とは異なり、都市部の知識人や青年層に「開かれた」会合であることが床次会の特徴であった。このような特徴はその後の発展でどのように生かされていただろうか。正史では追いきれない床次会の実体を「党報」から導き出し、その効用を一三年総選挙データと比較する形で分析する（なお一五年一〇月三日の発会式で一万三〇〇〇人を動員した名古屋床次会・一一月二三日発会の宮城床次会については第三章で分析を行なった)。

まず大阪床次会第二回総会は一五年四月二六日に同じ中央公会堂で「床次会員等無慮四千余名出席」の下開かれ、発起人でもある佐多会長の挨拶・会務の報告・新役員の発表・財務、拡張、事業、連絡各委員会の報告と議事が進んだ(㉖大阪床次会総会)。更に約一時間にわたる床次の演説がなされ、引き続き大阪床次会主催政界革新演説会が「聴衆五千五百余名各階級を網羅して真に萬場立錐の余地な」い状況の中で、午後六時半から一〇時まで行なわれた(㉖同前)。約半年前の発会式と比較すると約二~二・五倍の動員がなされていたことに注目すべきであろう。一三年総選挙では大阪の二〇議席は次のような結果であった。

政友本党 六、 憲政会 五、 政友会 三、 革新倶楽部 三、 無所属 三

各政党が大阪という大票田で激しく競争していることを如実に示す結果であるが、各選挙区の当選ラインが二~三〇〇〇票台であったことに鑑みると、約二名分の当選票に匹敵する第二回床次会の動員実績は確実に都市部の地盤を拡張している。しかも同年三月二八日に政友本党と実業同志会が提携して発足した「政治更新連盟」の大阪市懇親会(三百余名出席)と同日の開催であったことも見逃せない(㉖大阪市における政治更新連盟懇談会)。

周知の通り実業同志会会長の武藤山治は大阪四区選出であり[11]、こうした提携は大阪における政友本党

の浸透に効果的であったであろう。

床次会は更に地域的にも拡張する。大阪に隣接する奈良県では、政友本党は一三年総選挙は五議席中一議席と不振であり、特に奈良一区（奈良市）では七五票差で惜敗していた。そうした状況を打開するために奈良床次会が設立されていた。[12] 一五年四月二一日の総会では「一千五百余名」、その後の講演会では「聴衆二千余名」を集め（㉖盛況を極めた奈良床次会）、それは奈良一区の前回当選ライン七八五票の二～三倍の動員であった。

こうした弱い地域の克服手段として設立される床次会のもう一つの興味深い事例は一五年七月一〇日発会の八幡床次会（福岡県）である。床次の選挙区鹿児島に象徴されるような強い地盤を九州に有していた政友本党にとって、福岡県だけが例外であった。政友会の領袖野田卯太郎（七区、大牟田市）の統制の下、一三年総選挙では一九議席中政友会は一〇議席を獲得したのに対し、政友本党はゼロの有様であった。このような状況に楔を打ち込むべく誕生したのが八幡床次会である。「会長に伊地知小倉鉄道社長副会長に芳賀江前小倉市助役」を擁した会は「八幡市を中心して、附近町村の有志三千余名」を集め発会した（㉘八幡床次会盛況）。一三年総選挙では小倉市（四区）で公認候補がわずか一二二票に止まり、八幡市（六区）では候補すら出せなかった事に鑑みると、三〇〇〇人の動員は政友本党にとって大きな一歩であった。八幡のような発展する工業都市こそ、新たな地盤開拓の重要拠点であり佐世保床次会（一五年七月一二日発会）も同じ狙いで設けられたのであろう。[13]

より明確に他党の寡占状況を崩す目的で結成されたのは一五年一〇月二六日発会の岡山床次会であ

る。岡山県は犬養毅率いる革新倶楽部の牙城であり、一三年総選挙では一〇議席中、六議席を占めていた。しかし一四年六月の政友会への吸収合併という変節をめぐりその地盤は動揺を来たしていると観測され（㉛岡山県の党勢）、前回一議席しか獲得できなかった岡山で床次会が立ち上げられたのはその動揺の間隙をつくものであった。「大阪、神戸、奈良、名古屋各地の床次会代表者も来賓として参列」した岡山床次会は「岡山連隊区司令官三雲大佐を会長に選挙」した点で目をひく（㉛岡山床次会発会式）。動員人数は「会員三千余名」であり他の都市と同レベルを確保していた。

以上党勢が振るわない四つの都市に置かれた床次会を分析してきた。大都市・工業都市・中規模都市と置かれた都市の個性は様々であるが、合計すると約一万三〇〇〇人の動員がなされた事は政治の大衆化時代を目前に控え、大衆組織を模索していた政友本党にとってやはり手ごたえのある実績であったであろう（「前論文」分析の名古屋・宮城を合計すると約二万九〇〇〇人となる）。党の活動が末期に入った時点でも床次会の設立は続けられ、それは小さな市や町のレベルにまで増殖し地盤を開拓していった[14]。

むすび

本章は第三章が提起した〈政友本党の大衆政党化〉仮説を、新たな時期と史料に基づき再検討した結果、補強し且つ精緻化し得た。すなわち第一節（一）では、大衆政党化とともに生じる政党幹部の役割分化現象（例えば「リーダー」と「ボス」）が、集団脱党という危機の収拾にあたり明確に現れていたことを明らかにした。そして第一節（二）では任務が曖昧であった党務委員会に危機の収拾後、はっきりした機能が与えられ、しかもその機能は地方調査と組織化・宣伝・政治教育等の戦略性を帯びていた。このように整備された機能は、やはり大衆政党に不可欠な「政党マシーン」の萌芽的な段階に位置付けられるであろう。(15)

このような初期段階の「政党マシーン」機能の具体的な作動を検討したのが第二節である。すなわち（一）では全国的な地盤につき調査を行ない、且つそれを「党報」というメディアで党員等関係者に公表したことを明らかにした。もとより掲載内容には限界も見い出せるが、党の全国的な自画像に関する認識を広く共有したことは大衆政党化の重要な一段階である。そして（二）では大衆政党の最大の課題である都市特に大都市部での集票活動の対応策として編み出された、床次党首を前面に押し立てた後援会「床次会」の事例分析を積み重ねた。党員より幅広い層の参加を目指した「床次会」はやはり一定の成果を収めていた。もとより男子普通選挙への備えは他の政党も当然行なっており、以上の動向は政友本党のみに見られる現象ではないであろう。しかし最も保守的とみなされてきた政友本党ですら都市部で地盤を開拓していたことは、都市部の大衆が急速に既成政党のいずれかに組織化されていったことを示す証ではないだろうか。

以上本章は政友本党の近代化現象を強調することに力点を置いた。しかしその近代化は急速に進んだがゆえに、それに十分適応しきれていない古い面が同時に共存していたことは見逃せないであろう。とりわけそれが見い出せるのは床次党首の古い政治スタイルである。各地の「床次会」で床次は演説を行なったがそれは概ね次のようなものだった。

政界の革新、経済的国家の発展、国民精神の復興、政局の安定及時局に対する本党の立場等に就き約一時間に亘りて熱弁を振ひ最後に「此の床次をして純真に生かしめよ」と絶叫して壇を降りた満場粛として声なく感極って号泣するものすらあった　(㉖大阪床次会総会)

床次の演説は「雄大であり荘重である」と同時代の新聞記者は評した。[16] しかし総花的・抽象的な演説で聴衆の感動を得るスタイルは、政治の大衆化時代に適合するか否かは未知数であった。「床次会」という組織と、党首床次との関係に象徴的に見られるような新旧の落差は政友本党が背負っていた政治的宿命だったのかもしれない。

（1）旧衆議院図書館所蔵の「党報」データについては、第三章註（3）を参照。今回公開された部分は「衆議院図書館昭和一五年目録」四六頁、〇五六二－五の一九～三五号であるとみられる（但し二九号は欠本）。本史料公開の経緯につき国立国会図書館資料提供部雑誌課に問い合わせた結果、吉本恵子課長補佐から以下の情報のご教示を受けた。

・二〇〇六年一月二三日に資料登録、その後補修製本

・二〇〇六年五月九日から一般公開

未整理の「党報」が利用可能となったことは喜ばしい出来事である。しかしなお「衆議院図書館昭和一五年目録」二九九頁、二九二〇－二には「党報」一三・一五・一六・二〇・二一号とある。未見の号三冊を含んでいる為、今後の整理公開を期待するところである。なお「党報」の所在一覧については本章末尾〈参考〉に整理した。

なお第三章から第四章起稿に至るまでの間に、政官関係とりわけ官僚勢力の浸透という文脈から近代日本の政党を分析した清水唯一朗『政党と官僚の近代』（二〇〇七年、藤原書店）が著された。清水氏は機関紙・中央新聞を持つ政友会と対比し「機関紙を持たない政友本党」（二三八頁）の弱点に着目するなど、政友本党についても興味深い分析を行なっており、巻末の参考文献一覧に『党報（政友本党）』（二九七頁）も挙げられている。

（2）この問題を指摘したのは、マックス・ヴェーバーであり「ボス」に関する最も代表的な議論は『職業としての政治』（脇圭平訳、岩波文庫、一九八〇年）六五－八頁にアメリカの事例に基づき展開されている。ちなみにこの講演は一九一九年に著作として公刊され、日本では大正八年に相当する。本稿で取り扱っているのは大正一五年であり、同時代的な現象であることに注目すべきであろう。

（3）川原は第二回総選挙と第七回総選挙から連続九回の当選を積み重ねた通算当選一〇回のベテラン議員（佐賀五区選出）であり、当時当選五回の床次との議員歴の差は明白であった。但し川原は政友本党が憲政会と合同し民政党に転換する際、党を離れ昭和倶楽部を経て政友会に復帰した。

（4）この記事には東京本部を除き、出席代議員氏名が三四支部にわたって記されている。そのことは同時に以下の府県には支部が設立されていなかった可能性を示唆する。

山形・福島・神奈川・山梨・京都・奈良・鳥取・山口・香川・愛媛・福岡・沖縄

こうした状況を打開するために例えば奈良・福岡で床次会による組織化が着手された問題については本章第二節（二）を参照。

（5）弁護士出身、富山一区選出の高見は当時当選三回であった。

（6）徳島二区選出の原田も当時当選三回であった。議員歴は同じレベルの人物の交代である。

（7）選挙準備委員会は川原茂輔・川村竹治・岡喜七郎・松浦五兵衛・高見之通の五名で発足し（⑳選挙準備委員嘱託）次に要記する活動を行なっていた。

・「党報」二〇号掲載

一〇月一六日　委員会（申し合わせ事項決定）

一〇月二九日　委員会（各地方別情勢報告・今後の調査担当決定）

・「党報」二一号掲載

一一月四日　委員会（調査報告）

（8）第三・四章で検討した「党報」〈雑報〉欄の掲載記事は以下のような数となり、とりわけ三〇～三二号の充実は目をひく。

二四号 三	二五号 〇	二六号 五	二七号 一一	二八号 五	二九号 八
三〇号 一九	三一号 一六	三二号 一三	三三号 〇	三四号 七	三五号 五

（9）東北地方については「党報」二七号〈雑報〉欄「東北地方政情」に更に詳しい分析がある。特に「地盤皆無」の山形県では中立代議士宮島幹之助（山形二区＝米沢市）の入党以来足場を見出し、一五年六月一二・一三日の床次総裁山形市・米沢市視察により「四千余名の入党者」を得たと報じている点は注目される。

（10）この事実については「党報」に記事は見当たらず、麻生大作編『政友本党誌』（一九二七年）一五〇頁の記事に依拠した。但し同日に行なわれた床次の演説は「党報」二〇号四～七頁に収録されている。

（11）武藤は第一五回総選挙では五一四一票でトップ当選し、二位当選は政友本党の沼田嘉一郎（三二三七票）であった。なお提携当時政友本党は八七議席・実業同志会は九議席であり、政友本党にとっては議会内での一〇〇議席確保をにらむ上で重要な数であった。

（12）奈良床次会の創立に関する事情は今の所不明である。四月二一日の総会では「会長北河原男爵開会を宣し」とある。

（13）当日の佐世保床次会は「会員三千五百余名」を集め「会長に元佐世保市長内田政彦」を推し、引き続く政談演説会でも「四千余名」を集めた（㉘佐世保床次会）

（14）例えば「党報」三一号〈雑報欄〉には長野県辰野町で一一月一日に一五〇〇余名を集め「南信床次会」が発会した旨の記事が見られる。又第三章では愛知県床次会尾北支部が愛知県犬山町で発会した事例を紹介している。

（15）「マシーン」の問題については前掲ヴェーバー『職業としての政治』五四－五頁に近代的な政党組織の核心部分として論じられている。本章註（2）も参照。

（16）荒木武行『床次竹二郎論』（一九二五年、大観社）五九頁。

〈付録〉本章利用「党報」目次

凡例：①コラム等執筆者が明確でなく、政党自体の活動から離れた小記事・閑文字は採録しなかった。
②〈時局の展望台〉欄は執筆者が明確ではなく、記事内容の断片をそのまま見出しとしているため採録しなかった。
③〈本党会報〉欄は、二三号からは同一見出しの記事が多く煩瑣になるため、適宜一括して示し一部省略することとした。

［所蔵機関はいずれも国立国会図書館である（請求記号Z七一－P六七六）］

＊第一九号（大正一四年一〇月一五日、三五頁）
労農露国の実情　一宮房治郎
文官任用に関する意見　衆議院議員　梼苗代
〈会報〉幹部会・茶話会・党務員会・政務調査会
多額議員選挙規則の欠陥に就て　顧問　元田肇

＊第二〇号（大正一四年一一月一五日、七〇頁）
床次総裁の演説（宮城支部総会に於て）
床次総裁の演説（床次会発会式に於て）
九州大会に於ける床次総裁演説
農漁村振興案
税制整理案
東洋政策及文官任用改正案
〈会報〉幹部会・高知水害救済方・選挙準備委員・選挙準備委員会・党務顧問追加・党務員会・天節祝賀会・

院外団臨時大会・九州会・宮城支部総会・政務調査会
〈調査資料〉政府及び政友会税制整理案
＊第二一号（大正一四年一二月一五日、四五頁）
関西大会に於ける床次総裁演説
我党の税制整理に就いて　井上角五郎
〈会報〉幹部会・河崎代議士逝去・選挙準備委員会・関西大会・北海道支部総会・秋田支部総会・党務委員会・政務調査会
＊第二二号（大正一五年一月一五日、二六頁・附録三頁）
政界の一転機　総裁　床次竹二郎
卿党の青年に寄す　顧問　川原茂輔
〈会報〉皇孫誕生御祝賀式・幹部会・内示会出席者・福井県補欠選挙・政務調査会・議員総会及代議士会・議員総会後の懇親会・政務調査会設置
〈附録〉脱党者を出したる顛末書・脱党者の声明書に対し即時発表せる総裁の談話
＊第二三号（大正一五年二月一五日、七一頁）
政治即人格（青眼生）
公正の心事を把握して邁進せよ　総裁　床次竹二郎
教育制度の革新　祷苗代
矛盾の標本たる現内閣の施政　松田源治
東洋政策と国民生活　中村啓次郎
富豪偏愛の財政策　小川郷太郎
政友本党提出の三大重要法案
政友本党定期大会

政友本党院外団大会
総裁の党員招待会
幹事長の代議員招待会
欧米の実際に直面して　中村嘉寿
〈会報〉臨時幹部会三件・対議会策打合会二件・議員総会二件・代議士会三件・政務調査会三件等
〈藻塩草〉金の要らない選挙・日英議会の比較・宅地地価の不公平・米国海軍の大演習・老衰せざる秘訣・
　移植民の奨励
〈評論の評論〉
　今期議会の意義・三派の陣容・三党首の演説・三百万円事件・恩給費の激増・混乱の支那を視て来て
＊第二四号（大正一五年三月一八日、七四頁）
巻頭の辞（咏嘆なき政界）
政治の道徳化は我党の使命也　総裁　床次竹二郎
十五年度予算案に就て　中村啓次郎
二大政策の実現に就て天下の同志に告ぐ
〈憂世愛国の至誠〉
　政党の提携と政策の協定とは全然区別すべし　小橋一太
我党二大政策の実現と嫉視　本多貞次郎
眼醒めよ政友会　松浦五兵衛
移住組合法の制定は急務　津崎尚武
政憲両党の態度に就きて　則元由庸
明かるき政治の序幕　高見之通
党略に終始する政憲の両派　三輪市太郎

無誠意の地租委譲論　福井甚三
植民地統治に関する質問　牧山耕蔵
税制整理に関する政友本党の主張　小川郷太郎
鉄道敷設法改正反対演説　大園栄三郎
関税定率法改正に就て　田中隆三
〈藻塩草〉根本の病は選挙費・支那に対する赤露・女性の変質と宗教・農村の総負債額・丁抹の自作農施設
政友本党議員より提出の法律案（上）
他党と連合して本党議員より提出せる法律案（上）
〈雑報〉総裁の党員招待会・梅田代議士除名・政友本党前代議士会中央政情の報告
〈会報〉代議士会一〇件・政務調査会八件・幹部会六件・議員懇談会・顧問会・志村代議士入会・本党公認候補・遊説と出張・全院委員長の当選
〈評論の評論〉税整案の解決と政友会の孤立・政党と軍閥の不祥事件・陸軍軍閥の秘密・暴露された本党切崩しの陰謀・米穀関税引上げは断じて不当
陸軍不正事件の摘発
＊第二四号号外（大正一五年四月一一日、二〇頁）
三百万円事件の内容
政友本党議員総会
政治更新連盟
政友本党役員
第五十一議会と政友本党
＊第二五号（大正一五年五月一五日、五八頁）
第五十一議会報告書

第一章　対議会方針
第二章　予算
第三章　税制整理
第四章　関税改正
第五章　外交問題
第六章　内政問題
第七章　農村振興建議
第八章　議員行動の査問
第九章　議場の暴戻行為
第十章　結論
第五十一議会終了後の政友本党議員総会

＊第二六号（大正一五年六月一五日、七九頁）
国利民福以上の力
是政治明暗の岐路也　総裁　床次竹二郎
青年日本の建設を提唱す　衆議院議員　東郷實
〈憂世愛国の獅子吼〉
純真なる地方人士の意向　小橋一太
朝野相倶に政局安定に努力せよ　川村竹治
功利化せる政党　中西六三郎
為替変動の対策に就いて　金光庸夫
政界の暗雲を一掃せよ　桜内幸雄
憲政の常道と政権の帰趨　中村啓次郎

政治更新連盟の目的と使命に就いて　津崎尚武
政局不安裡に我党は飽迄公平　榊田清兵衛
〈他山の石〉貿易及び産業振興策
〈藻塩草〉機密費問題の七不思議・農村問題の根本的解決・長男主義の時代錯誤・英国罷業より受くる教訓
現内閣の前途は決して楽観を許さず　顧問　川原茂輔
〈雑報〉政友本党院外団の飛檄・大阪床次会総会・大阪市に於ける政治更新連盟懇談会・床次本党総裁の所属県会議長招待会・盛況を極めた奈良床次会
本党六大政策立案の根本趣旨
〈調査資料〉議会を通過した予算経済関係法案
〈会報〉総務幹事会一二件・政務調査会・経済更新委員会・党務委員会・代議士会・党務理事会・政情視察員打合会・東京市会議員選挙・党務委員理事会・最高幹部会・茶話会・総裁東北遊説・党務委員長更任等
〈評論の評論〉教育費増額と教育俸給制・英国炭坑争議に於ける労働者・政局依然不安定
〈時事解説〉自作農維持創設・十五年度予算概観
政局推移に関する通牒

＊第二七号（大正一五年七月二〇日、六二頁）
国家主義の高調
人格政治の主張と当面の諸問題　総務　松田源治
青年中心の政治時代来る　幹事　柏田忠一
経済更新と電力統一問題　井上角五郎
〈憂世愛国の獅子吼〉
小作法制定の急要　福井甚三

何等の経綸なき若槻首相の演説　松浦五兵衛
平凡にして且矛盾の連続　川村竹治
地方産業と金融政策　岩切重雄
予算立案に対する我党の方針　小橋一太
教育費問題に対する政友会の迂論　祷苗代
〈他山の石〉如何に金融制度を改正すべきか
〈藻塩草〉列国の空軍拡張熱・国民生活の不統一・財界不景気の原因と今後の大勢・英国産業の凋落
〈雑報〉東北地方政情・山形市に於ける床次総裁・米沢に於ける床次総裁・秋田に於ける床次総裁・青森に於ける床次総裁・大分県補欠選挙・八幡及佐世保に床次会創立・政界浄化運動・党務会新事業・田中山梨事件で軍事刷新同志会決起す・日支老政客の交歓
〈会報〉総務幹事会二件・定例幹部会二件・政情視察・社会政策委員会・本党三氏外相訪問・本党千葉特派・セミヨノフ氏訪問・中国、四国政情視察・関西政情視察・小橋幹事長出張・党務委員副委員長・党務員総会・政務調査総会・経済更新委員会・党務委員理事会等
〈評論の評論〉綱紀頽廃の責任を如何にするか・普選と釣合のとれぬ地方制度改正・中産階級の力熟練労働の真価
〈時事解説〉将に生れんとする小作法・支那関税会議の休止

＊第二八号（大正一五年八月一五日、七五頁）

普選に対する反逆
最近財経界の二大問題　相談役　岩切重雄
人口政策と満蒙問題　幹事　中山貞雄
〈憂世愛国の獅子吼〉
我政友本党は民衆讃仰の標的　中林友信

植民政策の確立と其主眼点　東郷實
教育制度の改善と義務教育年限延長　中村啓次郎
政界の革新と青年の自覚　志村清右衛門
緊急を要する教育改善の三点　松田源治
電力国営の焦急　中原岩三郎
〈他山の石〉移植民政策の樹立
〈藻塩草〉相続税に関する新提議・金輸出解禁の好機・外国の流行・小作争議の大勢
当面の問題
本党の対時局方針
全国の軍隊に飛檄
〈雑報〉本党の地盤拡張・八幡床次会盛況・佐世保床次会・本党長崎支部・福岡総裁歓迎会・益々拡張された九州の本党地盤
〈会報〉総務幹事会四件・政務調査役員会二件・有志代議士委員会・経済更新特別委員会・茶話会・経済更新委員会・長野事件調査・綱紀紊乱調査委員会・委員内相訪問・小作人子弟休校問題・床次総裁那須行・綱紀紊乱調査特別委員会・定例幹事会・長野事件委員会等
〈評論の評論〉権威ある経済会議を起せ・露国赤化宣伝の失敗・政府嫌はる
政憲両派の啀み合ひ
党勢の拡充は人格政治の反映也

＊第三一号（大正一五年一一月二二日、八二頁）
噴火口上の舞踏
新興勢力と共に政界革新に邁進せん　総裁　床次竹二郎
政教一元の根本精神　幹事長　小橋一太

明大義正人心治国之要道也　顧問　元田肇
朴烈減刑奏請に対する閣臣輔弼の責任を論ず　常務顧問　中村啓次郎
不景気救済の緊急策　会計監督　本多貞次郎
〈憂世愛国の獅子吼〉
欧米列強の経済策に対する我財政経済策の拙劣　井上角五郎
暗雲に閉ざされた現内閣の前途　湯地幸平
普選の実施と政府の干渉―北海道市議選の経験―　栗林五朔
産業振興と金利政策　佐藤重遠
朴烈問題に対する政本両党の態度　某法学博士
首相の刑事被告人は前代未聞の奇怪事　某枢密顧問官
西園寺公に進言す　中村啓次郎
議員支部長連合会
〈時局の展望台〉
〈藻塩草〉怪写真を見て・現内閣と利権・智識階級の無気力・学問過重の弊・産児制限論の賛否
〈雑報〉福島支部発会式・若松市演説会・岡山県支部総会・岡山市演説会・岐阜県の党勢・岡山県の党勢・南信の新勢威・福島県の党勢・岡山床次会発会式・南信床次会発会式・西濃床次会生る・岐阜県各地総裁歓迎会・宮城県床次会・朴烈問題と演説会・地方遊説・公認候補者決定
〈党報〉定例幹部会五件・経済更新調査会・内務大臣詰問・臨時幹部会・朝鮮保留炭田事件・文部司法部会等
〈評論の評論〉予算膨張
南洋濠州視察の印象と教訓　代議士　池田泰親

〈参考〉

一．第三章と第四章で紹介した政友本党「党報」所在一覧
・国立国会図書館所蔵
〈和雑誌〉一九・二〇・二一・二二・二三・二四・二四号外・
二五・二六・二七・二八・三〇・三一・三二・三三・三四・三五の各号
〈憲政資料室〉二号（「大久保利謙旧蔵文書」一〇五）
・東京大学明治新聞雑誌文庫所蔵　三・四・五号
・筆者所蔵　二九号　次頁に表紙写真

二．編集人・発行所について
・二～五号
発行印刷兼編集人　西野雄治
発行所　東京丸ノ内　政友本党々報局
（四号は、発行所から「東京丸ノ内」が消え、五号から発行所に「芝公園五号地」の新住所が入る）
・一九～二二号
発行印刷兼編集人　西野雄治
発行所　芝公園五号地　政友本党々報局
・二三～三五号
発行印刷兼編集人　寺崎乙治郎
発行所は前と同

第二十九號

大正十五年九月號

内容

政友本黨發兌

大正十五年九月十七日印刷納本（毎月一回十五日定期刊行）[illegible]

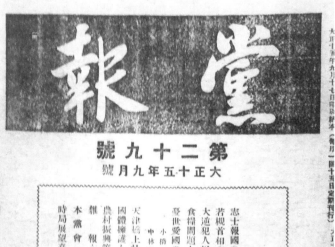

〈追補〉「党報」第一号の公開について

本書作成にあたり、関連史料の再調査を行なったところ、国立国会図書館で新たに政友本党「党報」第一号が公開されていることがわかり、閲覧した。以下は目次等の紹介である。

＊第一号（大正一三年三月一日、一〇頁）
第四十八議会報告書
　第一章　緒論
　第二章　護憲運動の真相
　第三章　議会の解散
　第四章　予算不成立の責任
　第五章　結論

表紙の裏には「伊藤公政友会創立趣意書ノ一節」が、奥付には「政友本党々則」が掲載されている。発行印刷兼編集人は西野雄治、発行所は東京丸ノ内政友本党々報局。

第一章には結党時の宣言・綱領が掲げられ、第二章では「彼等の眼中政権あって憲政なく、権略あって誠意なし」と護憲三派を攻撃するトーンで終始している。

第一号は第五号（本書第三章で紹介）と合本の形で閲覧に供され、二〇一九年一二月二〇日に国立国会図書館が受け入れたことを示すラベルが張られている。

この結果「党報」の不明分は、第六号～第一八号となった。

第五章

第三党・明政会の政治技術（昭和三年）

――「鶴見祐輔関係文書」を手がかりに――

序　本章の課題

副題に掲げた鶴見祐輔（明治一八年～昭和四八年）という人物は大量の著作をなした評論家・作家として、あるいは鶴見和子・鶴見俊輔の父親としてのみ今日回想される。[1] しかし大正末期から昭和期の鶴見の本領は政治家であった。戦前期には四回（昭和三、一一、一二、一七年）衆議院議員に、戦後は一回（昭和二八年）参議院議員に当選した鶴見は第一次鳩山一郎内閣の厚生大臣に就任し、自由民主党総務を務めるなど典型的な保守党政治家の一員に埋没する形でその政治的生涯を終えた。このような結末や落選を繰り返していた（大正一三、一四補選、昭和五、二七、三四年）こともあり、政治家・鶴見をポジティヴに評価することは困難であったのかもしれない。[2] 子息の俊輔も次のような評価を述べている。

おやじは文筆に優れ、知的能力は高かったが、政治に向いていなかった。政治家というとだいたいおやじのタイプだと思う。ただ石橋湛山、吉田茂、三木武吉は違う。三人とも冷や飯が食えますから。（中略）戦争中、父は冷や飯を食うことができなかった（「語る／鶴見俊輔の世界 4」〈『朝日新聞』一九九八年二月五日夕刊三面〉）

特に鶴見祐輔が大政翼賛会に参画して、戦後公職追放を受けた経歴が俊輔の評価の根底にあると考えられる。なるほど昭和一一年以降の鶴見の主な所属党派は民政党→大政翼賛会→進歩党（追放をはさむ）→改進党→民主党→自由民主党であり、この経歴から見るかぎり「冷や飯」を回避することが政党選択の重要な基準であったことは否めない印象を受ける。しかし昭和三年の第一回男子普通選挙で岡山一区から最高得票で当選を果たした鶴見は既成二大政党から距離をおく明政会という第三党のリーダー的立場からその議員生活を出発したのである。その意味では昭和三年の鶴見と一一年以降の鶴見とを同一視することには無理が生じるであろう。鶴見が昭和二年一一月に著した『中道を歩む心』（大日本雄弁会講談社）の次の一節は、少なくともこの時点での鶴見は思想と政治的実践との一致を強く意識していたことがうかがえる。

私は今、日本で新自由主義の政党を造る為めに努力している。この次の総選挙の折りには、我々の同志は、各地で立候補する。さうして、よりよき社会の建設の為に、人道主義の気持で、新自由主義の大旆の下に健闘したいと思っている（同書一〇七頁「新自由主義と政党」の項）

本章は、鶴見が「新自由主義政党」の出発点として情熱を傾けた明政会という第三党に着目し、次の三つの角度からの分析を試みるものである。

第一に、明政会の占めるキャスティング・ヴォートとしての位置の重みを第一節では検討する。第一回男子普通選挙である第一六回総選挙（昭和三年二月二〇日）の結果は次の通り、政局の大混迷をもたらした事は著名である。

与党：政友会　二一七

野党：民政党　二一六

その他：三三（実業同志会 四、革新党 三、無産政党 八、中立その他 一八）

合計 四六六　※過半数二三四

政友会は田中義一内閣存続のために、民政党は田中内閣打倒のためにその他三三名の協力を求める「小が大を制する」状況が展開された。四月二十日の第五十五帝国議会召集日までに、徐々にその他勢力の政治的立場は判明したが、最後までその立場が「中立」であったのが、四月一七日に鶴見を中心に六名で結成され更に二〇日に一名の参加をみた明政会であった。[3]帝国議会では選挙干渉を行なった鈴木喜三郎内務大臣の弾劾・田中義一内閣不信任という二つの重要案件での与野党の激突が観測されていたが、いずれについてもその成否の死命を決するのは明政会七名のもつキャスティング・ヴォートの力であった。果たして明政会はその力をどのように用いたのだろうか。

第二に、政界再編成への対応を第二節では検討する。昭和三年八月に「小が大を制する」状況は大きな試練に晒される。民政党の実力者床次竹二郎が外交上の政策対立を理由に、八月一日に突如民政党を脱党し相次いで脱党した約二〇名と共に、新たな第三党を樹立することを表明したからである。明政会の政治的資源であるキャスティング・ヴォートは政局が現状のまま推移することが大前提であり、床次新党問題はその根底を突き崩す事態である。こうした危機に対し明政会はどのような動揺を見せ、いかなる対応策を発見し得たのであろうか。

最後に、以上の課題を分析するにあたり明政会の政治行動を、あくまでも内在的に解明しようとすることを本章は意図している。明政会の動向は政局の焦点であるがゆえに、同時代の新聞にかなり大きなスペースで報道されている。しかしそうした報道は、例えば「明政会最後に至って寝返り」・「ぬえの明政会に引ずられた議会」（いずれも『東京朝日新聞』昭和三年五月七日二面）という見出しに象徴されるが如く、レッテル貼りに基づく第三党の過小評価につながる。(4)しかし明政会の場合には、国立国会図書館憲政資料室所蔵「鶴見祐輔関係文書」に数多くの「明政会代議士会メモ」が残されていることが、かかる過小評価を修正する手がかりとなる。明政会の限界をいたずらに指摘するのではなく、明政会の代議士会が何を議論し選択肢の中からどのような政治行動をとるに至ったのかというプロセスを再現・解明することを重視し、その意味で本章は「明政会代議士会メモ」に依拠し、やや多くの引用を行なう。近代日本政党史上貴重な史料を広く紹介することにも高い価値を見いだすからである。(5)同時にこうした代議士会での議論を分析することは現在日本の政治における第三党のキャスティング・ヴォート問題を考えるにあたっても有益な比較材料となり得るであろう。

研究史上、鶴見祐輔が実力者後藤新平の女婿であるという事実をやや過大評価する傾向もあるが[6]、代議士会メモを見るかぎり、明政会は鶴見という看板政治家の一存ですべてが動いていた訳ではない。したがって明政会の検討に当たり次に掲げる七名の所属政治家に平等に照明を当てなくてはならない。その意味では単純な鶴見祐輔論に終始するものではない。

〈明政会所属代議士（五十音順）〉

大内　暢三（福岡三区、当選五回、東亜同文会理事）＊四月二〇日より所属
　　過去の所属：憲政本党→国民党→革新倶楽部→政友会→無所属
岸本　康通（三重二区、当選一回、三重県内務部長、宇治山田市長）
小山邦太郎（長野二区、当選一回、長野県議、小諸町長）
椎尾　辨匡（愛知一区、当選一回、大正大学教授、宗教哲学者）
鶴見　祐輔（岡山一区、当選一回、鉄道省課長、評論家）
藤原　米造（兵庫一区、当選一回、海運業）
山崎　延吉（愛知四区、当選一回、愛知農事試験場長）

以下の叙述では煩を避けるため、上記七名については姓のみ表記する。果たして明政会の七名は昭和三年にいかなる第三党を模索していたのだろうか。

第一節　明政会と第五十五帝国議会

党名を明政会と決定した四月一六日の代議士会は、初日から早くも内閣不信任案への対応を協議していた。まず検討の基礎として、当時参加の六名につき個別の意見をみよう。（以下敬称表記の有無は史料のまま）

山崎氏　不信任は反対、内相弾劾案に賛成。
小山氏　山崎君と同説、独自の提案とする事。
椎尾氏　内相の行動に就ては適当の方法を以て糾弾することは必要。不信任案に就ては我々が賛成すれば民政党内閣となる。而して民政党が我々の要求を充実する如き態度を取れば可、其の要求とは前科者たる若槻床次両氏が適当の処置を取るなら不信任案に賛成、其れでなくては賛成できぬ（後略）。

岸本氏　民政党が我々の主張を容れれば不信任案に賛成したい気分、今日決定したくなし。
鶴見　今日は決定せずに置きて—尾崎君に一応相談しては如何。
小山氏　尾崎君と相談するはよけれど、その前に我々の意思を決定し置くこと必要にあらずや。
藤原氏　徒に政変を起すが、能にあらず、さりとて政友会内閣を信任せず。我々の政策を実行するといふ約束を民政党が公約するなら政友会を倒す。若し民政党が賛成せぬとあらば、不信任案に反対し二党一束として攻撃し、今日不安の政状を続けて、既成政党の分解作用を起さしむべし（後略）。（『鶴見祐輔関係文書』〈以下「ＴＰ」と略記〉書類の部一〇八＊文書名は本章末尾の〈付録〉引用リスト参照）

以上見た六名の意見は明政会がいかなる第三党として進むべきかにつき、可能性のある選択肢のすべてに言及しているように思われ極めて興味深い。発言者の重複も含め集約してみるならば、①政友民政の二大政党のいずれにも賛成しない独自の道を歩むべきである（山崎・小山・椎尾・藤原）、②野党民政党と取り引きし政治的発言力を高めるべきである（椎尾・岸本・藤原）、③尾崎行雄のような純粋無所属議員との共闘の輪を広げるべきである（鶴見）の三つにまとめられる。「独自の道」路線・野党共闘路線・無所属共闘路線はどのように現実の練磨を受けたのか。

つづく四月一八日の代議士会では尾崎行雄・安部磯雄（社会民衆党）との会談結果を鶴見が報告した。それは尾崎とは「独自の決議案を明政会に於て作製する」点で合意し、「社民党は飽く迄も政友会内閣を打倒せんと主張」するため合意に至らなかったというものであった。一方民政党から「鶴見を副議長として推選したき旨申出ありたり。右は明政会としては断ること」という方針も同日決められた（いずれも「ＴＰ」書類の部一一一）。明政会の意向は無所属共闘を軸足においた「独自の道」路線にまず大きく傾いた。こうした無所属共闘に民政党も追随の余儀なしに至り、内閣不信任決議案の拙速な上程よりも、明政会を中心とする無所属議員の独自決議案を優先する方針に切り替えた。明政会のキャスティング・ヴォートたる位置はまず自らの決議案で政局をリードすることに成功した。

さて決議案とは当初政治的国難・経済的国難・思想的国難の三つが予定されていた。このうち政治的国難に関する決議案こそが鈴木喜三郎内務大臣の選挙干渉の責任を問う意味で最も重大である。四月二〇日の明政会代議士会でも新たに参加した大内が「簡単明瞭に内相弾劾案として、尾崎氏を演壇に立たしめ、現政府を完膚なき迄攻撃打倒せしめては如何」と発言したことに代表されるような「内相は自ら処決すべし」という強硬な表現を用いるべしとする議論が有力であった（「ＴＰ」書類の部一一二）。明政会は田中義一内閣不信任案には慎重であったが、鈴木内相弾劾案には積極的であった。民政党との交渉が成立し内相弾劾決議案は四月二八日の議会に上程された。可決必至の情勢に窮した田中内閣は三日間の議会停会で応えた。

民政党と同様に政友会も再解散の脅し或いは抱き込みという硬軟両面から、明政会等への多数派工作を試みていた(7)。しかし明政会は一貫して政友会には冷淡な態度で臨み、四月二八日の停会直後の代議士会では次の方針を決めた。

田中総理より面会の申出ありたる時は、我々の態度は決議案に明白なるを以て、案の実行を希望すと申上げるより外なし、と礼を尽して断ること（「ＴＰ」書類の部一一二）

多数派工作は難航し、田中内閣は五月一日に再度三日間議会停会に追い込まれ、ついに三日に鈴木内相の辞職に至った。議会の中断をもたらした明政会の内相弾劾決議案は、内相辞職でその攻撃目標を失い、政局は一変した。決議案をどうするのか、更にその先へ進むか否かで野党は新たな対応を迫られた。

明政会は五月四日、内閣不信任に積極的な民政党・無産政党との交渉を行なった。民政党の小山松寿は無産政党の目的は内閣打倒にあり「其の目的に対し明政会が賛成するならば、我々は明政会提出の政治決議案に賛同を否定するものにあらず」と回答した（「ＴＰ」書類の部一二〇）。更に無産政党の西尾末広は「明政会は内務大臣だけ已めさせればよいとの態度なるが、吾人はこれに不満なり」と述べ、「吾人は尾崎君の如く、民政党も悪しとの態度には反対也、政治は当面の責任者を糾弾することでなければならぬ」（「ＴＰ」書類の部一二〇）と無所属共闘に軸足をおき「独自の道」を標榜している明政会を強く批判した。かかる状況を同日の明政会代議士会ではどのように認識していたのか見てみよう。

椎尾　政治決議案に対し、無産党は反対の意見を表明し居る様子なるが、然らば、我々の本来の修正案に引返して、内相弾劾の部分を削除し（中略）第二項以下の条項を貫徹するに努力せざるべからず。若し民政党も反対ならば政友に賛成せしめて成立せしむるやう努力せん。

鶴見　賛成―吾人は無産党に引摺らるる要なし。
山崎　結構なり。
岸本　同感なり。
藤原　賛成なり。（「ＴＰ」書類の部一二〇）

この会合で明政会が「独自の道」路線を維持することを確認しただけでなく、民政党・無産政党との距離を広げ、逆に初めて政友会との協調可能性にまで踏み込んでいた事は注目される。明政会の離反を恐れた民政党・無産政党が妥協したことで明政会の内相弾劾決議修正案は同日可決されたが、それは内閣不信任案賛成という政治的対価を暗黙のうちに伴うものとみなされていた。

しかし会期切れ前日の五月五日の明政会代議士会は内閣不信任案反対論を維持するという「独自の道」を選択し、その政治的信用を低下させると同時に輿論の非難を浴びた。なぜかかる不利な道を明政会は敢えて選択したのか。代議士会の議論を検討してみよう。議論は次のように始まった。

藤原　此際可否を決めて、明白に天下に発表す可し。余は総括不信任案に反対也。
椎尾　余も反対也。吾人が内相弾劾案に就ては首実験以後でなければいかぬと主張して遂に内相辞職となりたるもの也。故に此以上政府を追撃するは不可也。民政に勧めて撤回せしむ可し（後略）。（「ＴＰ」書類の部一二二）

強硬な不信任反対意見に対し次の異論が出され、以下に見る通り議論は白熱した。

大内　それはド端場に到りて言ふ可し。今から言ふ必要なし。

小山　従来の友情関係もある故、民政の窮地に陥らぬやうの手段を取りやる要あらん。

椎尾　故に不信任案を流すやう尽力してやるべし。

鶴見　何とか腹を決め置きたし。

小山　棄権は如何。

椎尾山崎鶴見　反対。

山崎　生首を持って来いと言って置き乍ら、今更不信任とは武士道に反す。

椎尾　上程させぬといふことを決し、反対の腹を示して民政に勧むること。

小山　余は現内閣を信任せず。さればとて総括不信任案には賛成出来ぬ。棄権。

鶴見　明政会の態度一決しても、その御意見は変らぬか。

小山　それは暫く留保。

椎尾　我々が反対と腹を決めれば、民政にその腹にて話して、上程せぬやう勧め度し。

大内　只今、小泉（又）と岩切とに話して、緊急上程するなと謂ひたり、二氏は承知せしも、頼母木は反対。緊急上程に反対すればよし。

椎尾　我々の不信任反対は声明せぬこと。

大内　政友会には強く話して置くこと。然らざれば政友が追撃戦に転ずる故。
椎尾　我々の腹を定めて居いて、友党として民政に勧めて不信任案を上程せしめぬことに致したし。
鶴見　椎尾、大内の両氏より、床次氏に直接御話願ひたし。（いずれも「TP」書類の部一二二）

明政会の大勢は小山のような棄権論には明白に反対であった。その限りにおいては、明政会は自らのキャスティング・ヴォートを積極的に捉えていた。それに対しメンバー中最も議員経験の長い大内の「ド端場」反対言明論は明政会の対応の基本として採用された。明政会にとってベストの線は民政党が内閣不信任案を上程しないことにあり、その結果を導くために明政会は民政党には本音を明かし、政友会には本音を明かさずに水面下の交渉に着手した。態度を明白にしないことにキャスティング・ヴォートとしての発言力を求める戦術が明政会の選択であった。そこには「独自の道」の追求は薄らぎ、距離を置いていた既成政党との取り引きの姿勢すらうかがえる。

明政会がたどりついた選択は、民政党が内閣不信任案を上程し審議未了廃案となった事で挫折する。鶴見は「天下の枇難とその対策」と題する論稿を六月一一日に記し「反明政会感情」を「純粋なる理性に基づく批判」・感情論・「利害から来る反対」に分類し、特に第一の批判については次のように慎重な検討を加えている。

その一は、ただ純粋なる理性に基づく批判であって、明政会、殊に自分個人の過去の政論家としての態度に多少の期待を抱きたる人々が、明政会の議会最後の行動のあまりに玄人政治家的であったことに対する失望、従て反感である。かかる理論的反対は、私に於て多少の言分はあるにせよ、大体に於てこれを承服しなければならない。純理の上から言へば、勿論私自身と雖、明政会の最後の二日間の態度については満足していない。之れは実際政治に対する妥協であった。その意味に於て、第一種の反対論に対しては、私はすなほな心持をもって、之を容認し、且つ将来の指針として服膺しなければならない（「TP」書類の部一二八）

鶴見の述懐にあるように、明政会は一つのジレンマに直面していた[8]。第五十五帝国議会における明政会は「独自の道」の追求という政治目標では一貫していた。しかし問題は、政治目標を実現するための手段である政治技術であった。議会当初は決議案の積極的な活用で目新しさをみせたものの、内閣不信任案への対応という重要局面では「玄人政治家」の域を出ることはなかった。およそ新党にはオリジナルの政治目標と清新な政治技術が共に期待され、その両立をはかるところに第三党運営の困難がある。明政会は政治技術の選択をめぐる岐路に立たされており、旧態依然たる政治技術で新しい「独自の道」を追求する陥穽は目前にあった。

第二節　床次脱党政局への対応

昭和三年夏の政局は、民政党の実力者床次竹二郎が八月一日に突如脱党し、第三党樹立宣言をなした事態を軸に展開したのは周知の通りである。(9) 本節では第三党を標榜する明政会が自らの存在意義をも危うくする、床次新党構想にいかなる対応を行なったのかという問題を検討する。もとより床次も明政会の重要性につき十分な認識はあり、それは脱党に先立ち鶴見と七月一六、二一日の二回にわたり極秘の会談を重ねていたことでも明らかである。特に一六日の会談では鶴見の記録によれば「第三党運動」につき、次のような踏み込んだ対話がなされていた。

> その会談の途次、氏は突如として、第三党運動について、何等の交渉を受けられしやとの質問ありたるにつき、
> 世上伝ふるごとき第三党運動は、何等関知するところなく、又交渉を受けたることなし、ただ真実の第三党運動計画者の胸中に存するものは貴下と宇垣一成氏を中心として、新政党を組織し、これによりて、第三党といはず、第一党を組織せんと欲するにあり、
> と述べたるに床次君の面上喜色あり。
> 之の問題は之れのみにて更に他の問題に論及せり。（「TP」書類の部一五一）

二一日の会談は床次の腹心榊田清兵衛が同席していたこともあり、鶴見は「政事談は避けて、対支政策のみに関し談じ」る態度をとったが、会談の事実は徐々に漏れ始め、民政党と明政会との提携という文脈に位置づける新聞報道も見られた。

しかし八月一日の床次脱党劇は、床次・鶴見会談の意味を大規模第三党設立準備という解釈へと一変させ、鶴見を始めとする明政会の動向は政局の一焦点となった。同日栃本県佐野市に講演のため出かけていた鶴見は即刻帰京し、新聞取材に対し「自重論」を説き同時に明政会メンバーに次の電報を送り結束の確認をした。

床次氏の新党には、小生全然関係なし。お互に十分自重したしと思ふ、御貴見如何（「TP」書類の部一三三）

鶴見の呼びかけに対し、小山・椎尾・藤原・山崎は「同感」の意を表明したが、大内・岸本は床次新党参加に積極的な反応を見せた。メンバーの反応が割れる中、鶴見は精力的な情報収集に努め次の対応方針を決めた。

イ、余は床次氏の新党に入らず。

ロ、明政会を纏めて、外部より援助し提携せんと欲す。

ハ、宇垣一成氏にして此際吾等と共に立つの決心を表明せば、余は之の方針にて明政会を全国的に拡張し、床次氏の新党と宇垣を背影とする明政会の提携を以て、漸次政界の強力なる新政党を形成せんと欲す。（「TP」書類の部一五五）

床次脱党直後の駆け引きの中で、鶴見は希薄になりつつあった明政会の独自性を再度濃厚にし同時にその政治的基盤を強化することを試みたのである。周知の如く宇垣は鶴見の選挙区岡山出身であり、地縁を反映した希望的観測も方針の背景には存在したであろう。

さて鶴見は以上の方針を具体化すべく八月三日に宇垣・床次の順に相次いで会談した。まず宇垣は床次につき、①「何人にも相談せず突嗟に断行する癖」、②「薩摩人通有の名利に躁る癖」があると指摘し鶴見に注意を喚起した。それに対し鶴見は軽々には動かないことを確認した上で、「少くとも二十名の代議士を次の選挙で当選させる自信がある」と述べ宇垣の政界入りの意向を打診した。[10]しかし宇垣は「全然同感。よろしい。その積もりにて準備なさい」と述べたにとどまり、具体的な内容に踏み込むことはなかった（以上引用部分は「TP」書類の部四九七）。明政会の政治的基盤強化については確たる成果を得るに至らなかったのである。

引き続き鶴見は床次と会談し、床次は脱党の経緯・脱党声明書には鶴見の意見を「殆ど悉く網羅した」という事情を説明した上で鶴見に新党参加を要請した。これに対して鶴見は新党の外部からの提携連絡にとどめたいとした上で、「百尺竿頭一歩を進めて」床次の真意を質す次の問答を交わした。

余の最も懸念するところは、貴下の新党と政友会との関係なり。貴下の周囲の人々の為めに新党が政友会に接近する如き方向を取られ、為めに政友会内閣延命策となるに於ては、余及び余の同志は、軽々しく進退を共にすること能はず、

床次君は此の質問を受けて、面上さっと、表現の急に変化するものありしが、直ちに答へて決して左様のことなし。余の今回の行動は却て政友会内閣の死期を早むる結果と為るべし。(「TP」書類の部一五三)

政友会との不明確な関係ゆえに、床次新党には参加しないという明政会の立場が床次に伝えられたのであり、両者の合同可能性は消滅し、明政会の「独自の道」を進む姿勢は維持されたのである。(11) 鶴見は「床次氏の新党樹立と私達の立場」と題する論稿を八月六日に記し、明政会の「理論的少数党たる地位を鮮明に」する目標を次の論理で示した。

特別議会以後政界には、第三党樹立の噂が度々あった。しかし、私は従来一度も之に参画しなかった。之の理由は第三党なるものが、何か新しい政治理論に基いて生れるものならば、私達に取って非常に興味のあることであるけれども、単純に各方面から代議士を集めて、二大政党に対立する現実勢力を形成するといふことであるならば、今日の私達に取っては全然無関係のものであるからである。

小党分立の特色は、各個人が之の理論的立場を比較的忠実に守ることが出来るといふことである。殊に小数党の人々は、政権といふことよりも、理論と政策といふことを目標とするに便誼な位置に居る。ゆえに政争が理論化せられてゆくに好都合である。（いずれも「TP」書類の部一五六）

明政会はその独自性を濃厚にしたものの、政治的基盤強化についての将来像は不透明なままであった。その中で八月二〇日に開かれた明政会代議士会は大内・岸本の脱会挨拶で幕を開けた。（以下、同代議士会発言の引用は「TP」書類の部一三四）

大内は脱会理由として「特別議会は我等七人の力にて決定、信任不信任の如き抽象的の事なら、兎に角、細かき政策の起る時は、我等の手には政務調査の機関なき故、我々が決定権を握るは天下に申訳なしと考へ居たる処、今回床次氏脱党、同氏の力なら調査機関も出来る事と喜びし」と述べ、政策立案能力の不足という観点から少数党のキャスティング・ヴォートの限界を指摘した。岸本も「我々少数の者が左右するは危険、且つ困難」と同調した。更に大内は「既成政党改造の第一歩」と床次新党と政友会分裂の可能性に次のように言及した。

只今処二十八名から三十一二名の処と見ゆ。余は現政府に反対、しかし第三党の権威の為めには政府活殺の権を握ること必要。その為めには政友会の一角の同志を得ることを要す。

本章序の議員経歴紹介でみたように大内は犬養毅と行動を共にし（憲政本党・国民党・革新倶楽部）、大正一四年六月一日に犬養と同時に政友会に入会したが、同年一一月に無所属に転じた政治歴を有している。少数党の立場から政友会の強力さを見続け、政友会の一員になり得なかった大内にとっては、やはり政友会に影響力を持ち得ない第三党の存在意義を認めることは困難だったであろう。かかる政治経験から床次新党の利点を強調する大内に対し、他のメンバーから次の異論が噴出した。

椎尾氏　外交問題が主なら、外務大臣を持って来たら入るのか。
小山氏　二十人や三十人で、何が出来るか。
椎尾氏　床次氏の心事が解らぬ。また周囲の人も意見判らぬ。故に将来どうなるか解らぬ。
大内氏　故に余は余の理想を行はせんと欲す。
　第一に、キャスチング・ヴォートを取る事
　第二に、既成政党の改造
小山氏　既成政党を改造しても、政策は定まらぬ。
椎尾氏　根本問題が定まって居らぬやうに見ゆ。
小山氏　床次氏は現政府反対か。
大内氏　然り。現政府を倒さねば対支外交の転換は出来ぬ。
椎尾氏　問題の核心は政友会の分裂なり。之れがどの程度に行はれるかなり。床次氏が急いで人を集めれば集める程、理想から遠ざかっていく。これが危険也。

この議論で確認すべき点は、政友会の分裂を期待する認識においては明政会のメンバーの意向は一致していたことである。その意味で明政会は結成当初の反政友会の姿勢に回帰していた。しかし異なっていたのは政局に臨む政治技術に関する認識であった。第一節でみたように明政会の政治技術の選択をリードしたのは最も議員経験のある大内であった。確かに大内の選択（内閣不信任に対する態度は最後まで明らかにしない・床次新党に参加）は政治的現実に密着していた。しかし現実への密着ゆえに明政会の清新さ・存在理由はおびやかされた。この場面では大内の現実論は少数派に転落し、「理論的少数党」として歩み続けることに明政会の将来を見い出そうとする鶴見とそれに賛同する椎尾・小山の意見が優勢となった。藤原は「小山君と全然同感。大内氏は我々と同じ理想、岸本氏と大内氏とは新党に行く方を便誼とせられ我々は留まることを便誼とするのみ。故に将来も御協力を願ひ度し」と議論を集約し、大内・岸本の脱会は承認された。

五名となった明政会の行く手はなお平坦でなく、大内らの脱会によっても政治的現実との葛藤は解消された訳ではなかった。すなわち、九月二〇日の代議士会では「理論的少数党」明政会の政治的基盤問題が俎上に載せられたのである。問題提起を行なったのは藤原と鶴見であった（以下同代議士会発言の引用は「TP」書類の部一三五）。藤原は「現状のまま議会に臨む時は、我々は何等策の施すべきなく、存立の意義を失するの惧あり。斯の如くんば次期選挙に際し不利」と危機感を表明し、「二三十名」を目標とする明政会拡大策を提案した。鶴見も「政界の先輩某との交渉を説明」し、藤原の提案に同調した。しかし藤原・鶴見の提案は次の議論の末、採用が見送られた。

椎尾氏　藤原氏の説は各党中の同志と意志を通ずるの意か、圏外の人物を誘ひて更に積極的行動に入るの意か。

藤原氏　第二の説也、之れは現下の政局流動の形成に刺激せられて考へ出したる也。各党より人を取りて明政会を大きくしたし。

我々は空論党として終始し度くなし。何等か実行をするを要す。

椎尾氏　現実の問題としては、我等と最近きものと提携することに非るか。又各党内の同志と交渉し彼等を誘導し置くこと。教育の問題、労働立法の問題、農村問題等に就て共同の調査を為すこと必要なり。単粗に他の人を入党を勧めることは如何にや。今日は未だ動乱に乗する程の大動乱にあらず。

小山氏　明政会は今まであまり幸運なりし故此際は自重して時機を待つ方よからずや

椎尾氏　此議会は堅実に行く方よろし、その方天下の信を得る所以也。此議会が解散なら別なれど、その惧なき故、急ぐ要なし。

欠席していた山崎も「十二月中頃までじたばたせずに居て貰ひたし」という伝言を託しており、この代議士会でも姑息な政治技術を用いず、政治的現実から距離を置き自己研鑽を積み重ねる方針が優勢を占めた。しかしその方針は藤原から見れば明政会の「空論党」化を意味しており両者の溝の隔たりは大きかった。鶴見の渡米中明政会の幹事役を代行していた藤原は、民政党を九月に脱党した五代議士によって結成された憲政一新会に一〇月一三日に入会し明政会から袂を分かった[12]。

顧みれば八月一日以来の政局激動にあたり明政会は二つの決断を行なった。第一に床次新党に合流しない選択であり、第二に議員引き抜き等の術策を弄しない選択であった。いずれも明政会の独自性を純化させる決断であり、小政党の採るべき途としては筋道は通っていたであろう。しかるに、その決断は明政会が有していた最大の政治資源であるキャスティング・ヴォートすなわち第三党たる地位を失い、小政党の一つに埋没する政治的現実も当然に包含していたのである。代議士会は終始小政党としての純化路線と明政会の解消をも視野に入れた政治的現実への適応論とが対峙しており、第一節で見たような一致や合意は見られなかった。その結果、第一の決断に際しては大内・岸本が姿を消し、第二の決断を受け藤原が去った。七名のメンバーから出発した明政会は斯くして半年後には四名となり、院内会派として結成された「第一控室会」三四名の片隅で第五十六帝国議会と昭和四年を迎えるに至ったのである[13]。

むすび

昭和三年における明政会の軌跡は、「第三党」を標榜する小政党が採る政治技術の選択肢の限界を示すものである。およそ小政党が政治力を持つためには与野党共に大政党が過半数割れを起こしていることが条件である。しかし同時に小政党の政治行動は次の三つに限定されることとなる。

一、与党の側に立ち、政権維持の代償に閣僚ポストの獲得等の便宜を求める。
二、野党の側に立ち、倒閣・野党内閣発足というシナリオを成功させる代償に新内閣における閣僚ポストの獲得等の便宜を求める。
三、「中立」の立場に立つ。但しその立場は、例えば内閣不信任案等重要案件採決に際し棄権という選択を伴い、与党を間接的に助ける結果を招きやすい。

第五十五帝国議会は田中政友会内閣の信任・不信任が争点であり、明政会の七票がその死命を制することは明瞭であった。しかし第一節で見たように、明政会はその政治行動を主体的に一つに絞り込むことはなかった。すなわち議会当初は「中立」と野党という二つの立場に身を置き、中盤には与党との連係可能性さえ模索し、最終的に内閣不信任案反対を決めつつもその態度は公表せず、なお与党・野党との交渉を継続するという変幻自在の拡散した政治行動を明政会はとったのである。かかる行動は政局の変動に翻弄されることなく、小政党が生き残るという目的に対しては合理的な政治技術であったのかもしれない。しかし、その政治技術は議会政治のルールを築き上げるという目的からは明らかに逸脱した手段であることを指摘したのは、吉野作造であった。吉野は「特別議会の戦跡を眺めて」と題する評論で中立勢力特に明政会の政治行動を次のように批判した。[14]

実際政治の論理は、議会政治協動の精神よりして、各々その観る所に依り小異を捨てて大同に就き、朝野両大党の孰れかに提携すべきことを要求する。中立が恒に必ず中立で終始するのは決して好ましい現象ではない。

中立が中立で終始すれば政界の形勢は混沌として定まらない。其結果自ら其処に醜悪なる暗中策動の行はるるは避け難い。而して之は一面に於て中立諸団体の責任といふべきである。然らば中立諸団体は、暫く中立として一貫するを許さるるの代償として、多面這般醜悪なる策動の横行を阻止する義務を免るることが出来ない。

中立諸団体と云っても、無産党と革新倶楽部とには大体文句はない。問題となるのは明政会だ。迷妄為す所を知らずしてあんな態度を執ったのなら、吾人は姑く其愚を恕する。一ト通りの頭があって計画的にやった事とすれば、私は飽くまで其非を咎めずには居れない。

吉野が指摘するように第五十五帝国議会における明政会の意思形成に欠落していたのは、議会及び政党政治の明朗化に対する考慮であった(15)。そしてその問題は、第二節で見た床次脱党政局への明政会の意思形成にも引き継がれている。明政会は議会政治の要の一つである多数派形成の努力へ向けての二つの可能性を意識していた。第一に床次新党への参加であり、第二に明政会参加者の拡大である。しかるに代議士会はいずれの可能性も開かずむしろ明政会としての独自性を強める方針をとり、意見を異にする三名は去った。政治技術の行使に抑制的な選択をした背景には、第五十五帝国議会での不評への考慮もあるであろう。しかし独自の道を歩むという手段の目的はやはり明政会の自己保存のみに向けられ、議会・政党政治に対する明政会の貢献という、より高次の目的には応えることはなかった。

顧みれば、政治的目的と手段としての政治技術との緊張関係を鋭く指摘した最初の人物は、一五世紀生まれのニッコロ・マキアヴェリであった。鶴見は明政会の舵取りをしていた最中の昭和三年九月に『英雄待望論』（大日本雄弁会講談社）を著し、奇しくも「思想篇」で「深刻な人間性に触れている」マキアヴェリを取り上げ、次の論評を加えた。

彼は、権力を政治の基調とする現実政治家の心事を、最も大胆に率直に喝破したるものであって、斯のごとき大胆と率直とは、多くの文人思想家の敢て為すを憚るところである為めに、彼が現実政治家間に正直なる真理の表明者として讃嘆せられる所以である。彼を全部的に鵜呑にすることは真理の否定である。乍併、彼を一掃的に排斥することは偽善である（同書二四九頁）。

最後の一文は明政会の行路を模索する現実政治家鶴見の課題であったのかもしれない。(16)

〈付録〉「鶴見祐輔関係文書（書類の部）」引用リスト

（引用順、文書題名は国立国会図書館憲政資料室同文書仮目録に依拠）
一〇八、四月十六日協議事項記録（四月十九日）
＊年号はいずれも昭和三年
一一一、十八日協議会記録（四月十八日）
一一二、明政会代議士会メモ（四月二十日・二十八日）
一二〇、明政会代議士会メモ（五月四日）
一二二、五月五日代議士会・対不信任案声明書（五月五日）
一二八、天下の非離とその対策（六月十一日）
一五一、床次竹二郎氏と会見の要領並に政局の推移（七月二十四日）
一三三、明政会会員へ打電（八月一日）
一五五、床次氏新党樹立前後（八月五日）
四九七、宇垣一成会見メモ（八月三日）
一五三、床次竹二郎氏と会見顛末（八月三日）
一五六、床次氏の新党樹立と私達の立場（八月六日）
一三四、明政会代議士会メモ（八月二十日）
一三五、明政会代議士会メモ（九月二十日）

（1）鶴見と太平洋協会との関係からその対外論を検討した研究は見られるが、鶴見の伝記研究はなお乏しく、鶴見の生涯を知るには北岡壽逸編『友情の人鶴見祐輔先生』（一九七五年、私家版）が唯一の基本的な文献である。一〇〇冊は優に超える著作とは対照的に鶴見その人は現在埋もれた存在となっているが、その一因としては鶴見がその晩年である一九五九年から七三年までの約一四年全く病床の人であり、自伝的な著述も不可能であったという事情も影響しているであろう。その意味で本稿が基本史料として活用した「鶴見祐輔関係文書」（以下「TP」と略記／国立国会図書館憲政資料室で一九九五年より公開）の膨大な文書・書簡類は忘れられかけていた巨人・鶴見祐輔の本格的な研究に資すること大であろう。本稿はもとよりそのささやかな試みである。

（2）鶴見の後輩（一高弁論部）であり、鶴見を囲む火曜会を組織し追想集を編んだ北岡壽逸も次のような評価を下している。

・要するに、鶴見さんの政治生活は苦労の多かった割合に酬わるる所少なく、著述家、評論家として生活し、太平洋会議等に出ておれば名利共に収めて楽な生活が出来たものをと御気の毒に堪えなかった。（中略）鶴見さんの実際の政治生活では余り共鳴せず、鶴見さんの最も得意の明政会時代にも、そんなに一挙に政権の中心勢力に立てるものではなく、政友会か民政党の何れか（恐らくは後者）に入党してギリギリと勢力を築くのがいいのではありませんかと卑見を述べたし、満州事変以来国際人の鶴見さんが世界中に悪評高き日本の立場を弁明するなどは、如何にも鶴見さんらしくないと思った（前掲北岡『友情の人鶴見祐輔先生』六七頁）

・鶴見さんの政治生活を一言で評すると、心情は高く理想を追いつつ、身体は低く現実の政権を追っていた（同六九頁）

（3）明政会の綱領は次の通りである（『東京朝日新聞』昭和三年四月一九日二面）。なお〔　〕は「TP」書類の部一〇九「明政会綱領」（三年四月一七日）との異同を示す。

一、建国の精神に基き同胞生活の本義を貫徹して国家の隆興を期す
一、立憲政治の発達により個人々格の完成を可能ならしむる〔ごとき〕社会の建設を期す
一、生産〔の〕能率と分配〔の〕正義との要求を調和するため国権によりて産業を統制しもって国民生活の向上〔「TP」では「安定」〕を期す
一、国際正義〔の精神〕を基調とする世界平和の達成を期す

（4）明政会に最も打撃を与えたものは、昭和四年一二月に摘発が開始された「明政会軟化十万円事件」である。本章第一節にみる第五十五帝国議会における明政会の政治行動、特に内閣不信任案への対応の背景には島徳蔵阪神電鉄社長らによる田中内閣延命工作が存在し、明政会には一〇万円が提供されたとする事件の図式は明政会の息の根を止めるに十分なものであった。鶴見祐輔も取り調べを受けたが、起訴に至らず、金銭授受したとされる弟定雄が起訴された。さて判決は次の経緯にみるように一審有罪・二審逆転無罪であり、結局二審無罪判決が確定した。

・「明政会軟化十万円事件」捜査・裁判の経緯

昭和五年　二月　二十日　第十七回総選挙（鶴見祐輔・椎尾辨匡落選等明政会壊滅）
　　　　　三月　　五日　鶴見定雄逮捕
　　　　　三月　十四日　鶴見祐輔取り調べ
　　　　　三月　十五日　鶴見定雄大阪地裁に起訴
　　　　　五月　　五日　鶴見祐輔大阪地裁予審で取り調べ（六日も）
　　　　　十月三十一日　大阪地裁予審決定（五被告を大阪地裁の公判に付す）
　　六年　四月　十三日　初公判
　　　　　五月二十五日　論告求刑公判（鶴見定雄被告は懲役六月）
　　　　　六月　二十日　大阪地裁判決（四名有罪、一名無罪　＊鶴見定雄被告は懲役六月、未決勾

留三十日を算入)、有罪四被告は直ちに控訴した
『法律新聞』三三九五号(六年八月八日)に掲載
七年　一月　十八日　控訴審初公判
五月二十七日　大阪控訴院判決(五被告全員無罪)
『法律新聞』三四一九号(七年六月十八日)に掲載
五月三十一日　検察側上告断念、無罪判決確定

大阪控訴院第三刑事部(渡辺為三裁判長)の無罪判決の根幹は請託に関する証明が不十分とするものであった。新党の人気を下げることを狙うスキャンダルの暴露は今日でも多く見られるが、無罪となった「明政会軟化十万円事件」にも同根の病理が浮き彫りにされているのではないだろうか。刑事司法上無罪が確定したスキャンダルを盾に取り、第五十五帝国議会における明政会とりわけ鶴見祐輔の政治活動に対して、例えば単に「政友会の買収の結果」という如き矮小化した評価を下す立場は誤りであるという認識に本稿は立っている。

(5) およそ政治史研究において史料が組織的に保存されていない研究対象は軽視される傾向にある。内政を例にとるならば官庁の意思決定は公文書、議会における意思決定は議事録を中心に基礎的な分析を加えることは可能であるが、基本的に私的な団体である政党の意思決定については公的機関と異なり足場となる史料がないのが普通であり、日本における政党研究の弱さにつながっている。政党でも大規模な政党は例えば『政友』・『民政』などの機関誌を発行しているが論説記事が中心であり、ファクトである党の活動については「会報」という形で簡略にまとめられているに過ぎない。いわんや短期間で姿を消した「第三党」については手がかりすらつかめない場合が多い。しかし「鶴見祐輔関係文書」には明政会の代議士会における多くの意思決定をあたかも議事録のごとく問答体で記録した多量のメモが保存されており、政党研究とりわけ「第三党」分析の水準を飛躍的に向上するに足る貴重な史料である。本稿の分析はなお試論にとどまる部分も多いが、史料的足場のある「第三党」研究という存在意義は強調しておきたい。

(6) 翌四年四月に死亡することもあり、本稿が対象とする昭和三年の後藤の直接的な政治的影響力は極めて低い

ものであったと考えるのが自然であろう。但し大正期の鶴見の政治行動（例えば政治の「倫理化運動」）は後藤の政治的人脈との関係を除いては分析困難であり、季武嘉也『大正期の政治構造』（一九九八年、吉川弘文館）第三部第二章「後藤新党をめぐる動向」はこの問題に関する示唆に富む優れた研究である。

（7）政友会の多数派工作に関する基礎的な史料は「松本剛吉政治日誌」〔岡義武・林茂校訂『大正デモクラシー期の政治』（一九七七年改訂版、岩波書店）〕である。明政会との関係が記されている代表的な箇所は次の通りである。

・此日午前十時政友会幹部は連絡の小川鉄相を中心に院内幹部室に会議を開き、民政党が明政会を操り其提案を硬化せしむる上は、極力中立派其他の諒解を求め、事態急迫の場合には断乎として解散の途に出づべしとの決意を示し、之を首相に進言す（三年四月二十一日）

・政府は此日午前十一時半院内閣議を開き、鈴木内相、小川鉄相より明政会と尾崎氏との関係を闡明し対策を立つべしとの意見ありしと伝へらる（同四月二十三日）

・先是、政友会幹部は明政会に対し、議会終了後適当の時期に於て鈴木内相をして桂冠せしむべしとの条件を以て妥協を交渉せしが、明政会は飽くまで即時辞職を主張して之に応ぜず（同五月一日）

松本の観察では、政友会と明政会とのパイプは太くないようである。

（8）鶴見の動揺は大きく七月二七日には次の感慨さえ記していた。

一、明政会は自分に取って、さして大切なものでない。この一事を明白に意識し置くこと、最大切。明政会から、本当の新自由党が生れるかどうかは頗る疑はしい。

自分は明政会と心中してはならない。

明政会を過大に評価してはならない。

二本の岐路に立つ時は、明政会を何時でも捨てるといふ決心が必要。

（「TP」書類の部一三二「政治的自己批判」／三年七月二七日）

（9）床次に焦点をあてた研究としては土川信男「政党内閣期における床次竹二郎の政権戦略」〔北岡・御厨編『戦争・

復興・発展』（二〇〇〇年、東京大学出版会）】があり、この時期の床次が第三党論から二大政党論に回帰しつつあったと指摘する。

（10）鶴見は宇垣に次の項目から成る建策（七月二四日稿）を行なったようである。

一、強固なる内閣の必要

二、新時代に適合する真実なる政党の必要

三、政策（前山註：この項の要点は政党に政策調査機関を設立すべしという主張）

三（ママ）、現実政治対策

（一）健全なる少数党を先づ近衛兵として作ること。

来るべき総選挙に於て、人物を詮衡して、健全且つ少数なる政党を作るに努力すること。既に自己の近衛兵を作り得ば、これを譜代大名として身辺を固め、更に外様大名として、他の団体を勧誘し綜合し、茲に初めて大政党を作り得べし（後略）

（二）調査機関の設立

（「TP」書類の部一九四「宇垣一成氏に建策」／三年七月二四日）

但し宇垣の随筆録である『宇垣一成日記』第一巻（一九六八年、みすず書房）には鶴見との会見に関する反応は記載されていない。

（11）鶴見は八月五日に次の注意を含む書簡を床次に送っている。

只此際生の憂心に堪えざるは、閣下左右の士にして誤った目前の小成を急ぎ徒らな党員の頭数を集むるに慮念して、天下国民の前に倚るべきの経綸を表示するを怠り、為めに閣下当初の純忠至誠の御発意を蔽ひ、一時的の政治的権略に出づるかの誤解を、天下の義人に抱かしむるの一事に到るなきかに有之候

（「TP」書類の部一五四「床次竹二郎氏に送るの書」／三年八月五日）

（12）青野権右衛門『日本政党変遷史』（一九三五年、安久社）は憲政一新会を次のように評している。

・民政党顧問床次竹二郎等の民政党を脱党するや、党内に於ける暗流は漸次表面に現はれ、小寺謙吉、田

中善立、鬼丸義斎、奥村千蔵、三宅利平等は党内刷新を標榜して昭和三年九月七日憲政一新会を組織し、革新党の田崎信義、明政会の藤原米造等之に合流し、政友会内の久原系と策応したるも、昭和四年八月二十日解散せり（三三六頁）

(13) 院内会派「第一控室会」は昭和三年七月三〇日に二九名で組織された。当初の内訳は無産党議員団八名・明政会七名・実業同志会三名・革新党二名・無所属九名であった。その後明政会員の脱会など異動を繰り返したが、以下にみるように床次の新党倶楽部を上回る数を有し議会の第三位勢力を維持していたことは注意すべきであろう。

第五十六帝国議会召集日（三年十二月二四日）
第一控室会三四、新党倶楽部三〇
第五十六帝国議会終了日（四年三月二五日）
第一控室会三五、新党倶楽部二七

小政党・無所属議員の院内会派はもとより二五名の院内交渉団体資格を維持する目的で組織されるが、明治・大正期に多く見られる「〇〇倶楽部」という名称に加えて昭和期には「〇〇控室」という名称が登場したことは、小政党の個性が強まり「倶楽部」という単位に括りきれなくなった政治状況を反映しているように思われ興味深い。「控室」名称の院内会派が設けられた昭和期の帝国議会は次の通りである。

第一控室会　五十六・五十七帝国議会
第一控室　五十八～六十七、六十九・七十、七十九帝国議会
無所属室　六十七・六十八帝国議会
第二控室　六十九～七十四帝国議会

(14) 吉野作造『現代憲政の運用』（一九三〇年、一元社・一九八八年、みすず書房より復刊）一五八－九頁。吉野は「第一に内相弾劾と総括的不信任とを別個のものとしたのが怪しからぬ」と述べている。

(15) 吉野は「床次氏の脱党騒ぎ」と題する評論で次のような「第三党」批判論を展開している。

・論者曰ふ、二大政党対立するときは、政権争奪に熱中する結果、党利党略の為に国家の大局を忘れ勝ちになる、此際斯かる政争を超越し真に国家の為に公正平明の態度を持する第三党の来りて之を牽制するは極めて必要であると。相対立する二大政党は必然的に党利党略の為に国家の大局を疎かにするといふ議論は姑く許すとして、其間に介在する第三党が必ず至公至正の態度を持して政界の正しき羅針盤たり得るとは、一体誰が保証するのだ（中略）甲の党派から若干、乙の党派から若干、しかも孰れも腰の弱い従てまた質の悪い議員を寄せ集めて第三党を作り、之が至公至正の牽制機関として国運の発展に貢献し得べしとは、人を愚弄するも亦甚しい。現に従来の例に徴するも、所謂第三党がカスチング・ヴォートを握った時程腐敗の甚しかったことはない。第三党の発生が常に必ず政界当然の進歩を阻害するに止ったことは、少くとも我国の経験に於ては極めて著名な事実である。

一体第三党の必要を説くは政党政治を否認することである。独仏諸国の如く特別の理由あって小党分立の勢に固定した国柄は別だ。斯う云ふ国に在ても政党政治はまた一種特別の形を以て行はれ得る。我が日本はよかれ悪かれ英米と同じく二大政党対立の傾向（そは単に傾向に過ぎず、而もまた動かすべからざる傾向であることを認めねばならぬ）を以て進んで来た。従て政党政治の行はるる形式に付ても既に略ぼ定った型が出来て居る。（前掲『現代憲政の運用』二一八－九頁）

吉野は他にも①二大政党に乗り遅れた政治的野心を有する者の小策、②政党勢力に対する「官僚一味の防波堤」と「第三党」構想を評するなど興味深い論点を提示している。

（16）模索の末、鶴見が「第三党」構想を放棄する意思を固めたのは、昭和四年七月の浜口民政党内閣成立の際とみられる。鶴見がその決意を記した「政変に際して」（「TP」書類の部三一七／四年七月六日）は本稿を閉じるにふさわしく、且つ今後の政局を見通す興味深い内容であるために次にその全文を掲げる。

一、民政党内閣の出現は、形式的二大政党論を裏書し、日本の既成政党延命の結果となりしこと。

二、従て、自由主義的第三党出現は、非常に困難を増加したること。

三、第三党の中心と嘱目したる宇垣一成、井上準之助両氏の入閣は第三党の実際勢力を大に削減したること。

四、現在第三党を希望しつつある人は、そのイデオロギーに於て、既成政党の人々と大差なきがゆえに此等の人々と合致しての第三党は、理論的存在としても困難なること。

五、結論

イ、次期総選挙に於て、民政、政友、両党が絶対多数党たること能はざる際に偶然の勢力を把握する一時的存在はあるやも知れず。

ロ、然れ共、無産党の理論的進出のために、此種第三党の影は次第に薄れゆくべし。

ハ、二大政党の分裂あらば兎に角、然らざる限りは、此種第三党は、尾崎行雄氏程度の孤立的存在として結着すべし。

ニ、故に、長き未来ある人間としては、

（a）理論を貫かんとせば、社会民衆党と合致するか、

（b）実際としては、既成政党中の一に入る外なし、

（c）然らずんば、不羈独立『民の声』として存在する為に単身孤立の途を取るべし。

現実の鶴見は昭和五年総選挙落選後には（c）の「民の声」としての一時期を過ごし、（b）の民政党入党（昭和一一年総選挙）という選択肢を辿った。

第六章　「昭和会」の研究

序　本章の課題

「昭和会」は、昭和戦前期の政党に精通した者でない限りなじみの薄い名称である。昭和一〇年一二月二三日に第六十八帝国議会召集に合わせて一八名で結成された昭和会は今日、大方の記憶から失われる程泡沫の如き存在ではなかった。リーダーには岡田啓介内閣の閣僚内田信也鉄相・望月圭介逓相・山崎達之輔農相の三名のいずれも政友会を脱党した実力政治家を「三長老」なる名称で擁し、政界再編の一拠点たり得る勢力であった。しかし昭和会の議席はその後昭和一一・一二年に連続した総選挙でも二〇・一八と伸びず、特に一二年選挙では議会に基盤を持たない林銑十郎内閣の唯一の与党（山崎が農相として入閣）とみなされたことから悪評紛々のうちに同年五月二一日に消滅をみた。僅か一年半の生命しかなかった昭和会は政治的敗者として終末を迎えたがゆえに、今日でもその評価は断片的且つ否定的である。例えば『政界往来』創立者として著名な政治記者木舎幾三郎は、戦後の回想で次のように述べている。

選挙の結果は、唯一の政府与党と云われた昭和会が惨敗に終った。床次の急死後昭和会入りして、まるで党首のようにみられていた望月圭介老などは、元来こうしたキワもの的存在だった政党が持続するわけがないと判断していたものとみえ、選挙直後に「えらく敗けましたねえ…」と云ったら「選挙の始めから勝てると思っていなかったし、候補者そのものも問題にならなかったんだから、当然の結果というところだろう」とまるで他人事でも云っているような口調で語っていたが、この惨敗が一つのキッカケとなったものとみえて、昭和会そのものもいつのまにか雲散霧消して行ってしまったのも悲惨であった（『政界の裏街道を往く』（一九五九年、政界往来社）一三七頁）

木舎の回想は、一定の説得力を有するが一種の結果論に過ぎない。設立当初の昭和会の政治的比重はそれほど低くなかった。すなわち昭和六年末の民政党の分裂＝翌七年の国民同盟結成は政友会・民政党の二大政党システムに風穴をあける効果をもたらしており、昭和九・一〇年の政友会の段階的分裂＝昭和会の結成はそれと対になる形でシステムの動揺を強めた。昭和七年二月二〇日の第一八回総選挙結果と昭和会結成後の議会勢力を比較すると次の通りになる。

・第一八回総選挙結果
　政友会 三〇一　　民政党 一四六　　その他 一九
・第六十八帝国議会召集時（欠員三九）

政友会 二四九　　民政党 一二六　　国民同盟 二一　　昭和会 一八
無所属室 九　　無所属 四

周知の通り昭和七年の五・一五事件以来政党内閣の時代は終わり、「挙国一致」内閣期を迎え、特に議会の過半数を占める政友会が岡田啓介内閣に対し野党の姿勢をとるに至った結果政局は不安定となり、水面下ではこれまでの政党政治の枠組みを解体するような様々な新党運動が展開されていた。昭和戦前期政治史研究のなかで、かかる新党運動に関する研究は豊富に蓄積されており、国民同盟についても「革新派」に連なる政治勢力として位置付けられ注目される頻度は高い[1]。しかるに当時の政界再編成の一翼を担っていた昭和会そのものは全く埋没しており、若干の研究を除き位置付けはおろかその政治活動はほぼ省みられていない[2]。本章は昭和戦前期の二大政党システム解体過程で出現した昭和会の政治活動を内在的に再現することを通じその基本的な肖像画を描き[3]、昭和戦前期の政治の実相を新たな角度から分析することをめざすものであり、解明しようとしている問題は次の二点である。

一．設立当初は多くの可能性を持ち得た新党・昭和会がなぜ政局の流れをつかむことができなかったのか。昭和会の政治戦略を二回の総選挙への対応を軸に分析する。

二．昭和会はいかなる政党であったのか。所属議員・議会活動の分析を通じ昭和会が同時代の政治に残した痕跡は何であるのかを検討する。

本章は二節で構成するが、以上の二点は全体を通じて検討し、節の区分は二・二六事件前後で政局の枠組みが全く異なるが故である。

第一節　結成過程と第一九回総選挙

昭和一〇年前半における政局の焦点は政界再編成であった。すなわち岡田啓介内閣と「野党」政友会との対立が激化する中で、政友会を離党して岡田内閣に入閣した実力者・床次竹二郎が果たして非政友会新党を結成できるか否かが朝野の注視を浴びていた。周知の通り床次はこれまでに二度の政界再編成の主役であった。大正一三年に政友会を分裂させ、一四九名の同志とともに政友本党を結成した床次はその後憲政会と合同し昭和二年に民政党を設立した。この二回の新党結成劇は床次を「政界の惑星」たる存在と位置付けるに十分な出来事であったが、その後の床次の行動は政治的信用を低下させていた。すなわち床次は昭和三年に民政党を脱党し、政友会に復帰し、更に九年に政友会を再脱党していた。同時代の政治評論では「床次新党」にはまず床次の過去の政治遍歴ゆえにその成立に疑問符が付されていたが、更に重大な障害が共通して挙げられていた。それは二大政党の強力な地盤の問題である。『中央公論』一〇年七月号は「新党樹立運動の展望」なる特集を企画し、政治評論家からは馬場恒吾・

御手洗辰雄・清澤洌・阿部真之助・岩淵辰雄、政治家からは山道襄一・富田幸次郎・麻生久・松野鶴平（いずれも掲載順）が寄稿していたが、見解の最大公約数は、新党はクラブ的な組織にとどまるという見解であった。典型的には御手洗と清澤の次の議論に集約されている。

床次、望月、山崎の諸氏は新党樹立の困難を十分以上に承知している。政友会切崩しが困難と言ふのでなく、政友会の地盤を奪取する事の不可能を知っている。地盤が代議士や領袖に従って移動するものであるならば、政友本党は解消する必要もなく、国民同盟も今日の窮境に陥る筈はない。新党を樹立するためには地盤ぐるみ、党の大半、即ち嘗て桂公が国民党の大半を奪取した如く大勢を支配するに足るだけ政友会を切崩さねば駄目である。たとへ一時百や百五十の頭数を揃へた所で、二三年の中には自然政友会に復原して終ふ（御手洗「弱勢の第三党か」）

今まで新党を樹立して成功した試しがないのはそれ故だ。政友会を脱党した本党が巨頭を、ほとんど全部集めて、本家よりも多数を拉致しえたにかゝはらず、それが成功せずして、依然として政友会と民政党と還元したのは、この投票獲得機関としての地方政党が、中央とは大した連関を持たずに、大樹のごとくその郷党に根を張っている証拠である。経験によってこの事を知った床次が、今度は誰よりも静観して動かないのは当然だ（清澤「諍臣なくば国危ふし」）

かかる見解が主流を占めていたが故に、当事者で唯一寄稿した松野鶴平政友会幹事長は「全国の党員の幾十年の誇」に基づく党の結束力は「一朝一夕に消えぬ精神上の関係」であり、「昨今の新政党の噂に対しては極めて落ち着いた心持」であると余裕すら窺わせていた。一〇年五月の政友会長老・望月圭介の内閣審議会入り＝政友会脱党で一時活気づいた新党問題は、二大政党の地盤の厚みと八月上旬に明らかになった床次自身の健康悪化で停滞の一途をたどった。そして徐々に快方の観測が流れていた床次が九月八日早朝、急死したことは新党の命脈を断つ事件であった。例えば山浦貫一の酷評を見る。

尤も新党クラブなら内田のポケットマネで楽に出来やう。（中略）政党は出来なくともクラブが出来れば、そこに集まって碁将棋をやったり、電話をかけてそばを取って食ったり、落ち合って話も出来る（「床次から望月へ」『改造』一〇年一〇月）

床次死後の政友会脱党集団に何らの政治的価値を見い出さない山浦とは対照的に、佐々弘雄はこれまでの政局のなかでいわば負の遺産を蓄積してきた床次の死により「スケールは小さくなったらうが床次氏時代よりもずっと現実的で、闘争的な中心組織が、望月氏をめぐって結成される可能性が増大した」と評価し次のように展望した。

新党運動大体に於て旧自由党的色彩に色どられつつ挙国主義支持の建前に向って進むものと推察

される。これは望月氏が議会政治擁護の立場に就いて「心情」を高橋蔵相に吐露したることによっても立証される事なのである。また政友会が先議会以来とり来れる自殺的行動が、却って老闘士をして憤慨させた趣きがあるのによっても推知される所である（「新党計画を繞る政局の現段階」『改造』一〇年一〇月）

佐々は床次の後任逓相に就任した望月圭介と高橋是清蔵相に注目して、第二次憲政擁護運動とのアナロジーで新党問題を捉え、「高橋氏の腰の入れ方如何によっては、政友会の動揺も大きくなり」政界を三分する大政党が誕生する可能性があると期待した。政治的に無力なクラブの道を歩むのか、床次の死をリーダーの更正の機会に転じ非政友会新党の結成に突き進むのか、政友会脱党者の行方は重大な岐路にあった。以上見たように二大政党の厚い地盤への挑戦・リーダーの模索が新党に課せられた課題であった。前者については九月下旬から一〇月にかけて行なわれる府県会議員選挙がひとつの試金石であった。政友会を脱党した有力政治家の内、汽船・造船会社を経営し豊富な資金力を誇る内田信也鉄相が既成政党の地盤の破壊には最も積極的であり、九年一二月には選挙区の茨城に新政倶楽部なる新党の根拠を組織したが(4)、他の政治家の動向は散発的であるにとどまった。一〇月一六日に判明した総合結果（二府三七県）は次の通りである(5)。

・総議席 一、五二五　　過半数　七六三
　政友会 六五八　　民政党 六一九　　国民同盟 三一　　無産政党 三二
　諸派 三二　　＊中立 一五三
　　＊中立内訳　　純中立 六〇　　政友系 四一　　民政系 四三　　国盟系 三
　　　　　　　　床次系 二　　秋田系 四

諸派三二名中政友会脱党者系当選者は一四名であり、当選県は以下の三県であった。

茨城県　九（総議席 四二／政友　八・民政 二一・国同 一・中立 三）
群馬県　四（総議席 三八／政友 一六・民政 一六・中立 二）
広島県　一（総議席 四五／政友 一八・民政 二一・無産 二・中立 三）

政友系・床次系中立議員を考慮しても、新党構想は最初の試金石で大きく頓挫した。細川隆元は選挙結果の特徴を「政民両党の両断的独占、国民同盟の不振、新党運動の地盤的薄弱性、中立議員の無力、無産党の進出」と総括し、「来春の総選挙も、現状からの推断を以てすれば、政民五分々々の勝負と見てよからう」と展望した（「来春の総選挙を指すものは何か」『日本評論』一〇年一一月）。この選挙結果は二大政党にとっては両義的な意味を内包していた。すなわち二大政党地盤の強力さは実証されたも

の の、両党共に単独過半数には及ばないという事態は総選挙に向けての重要な指標であった。二大政党の地盤の破壊が非現実的である以上、政友会脱党政治家は結束して近々に予定されている総選挙を戦いキャスティング・ヴォートを握り二大政党の間隙を衝く事が残された選択であろう。帝国議会開会に伴い一二月二三日、まず院内会派として昭和会が一八名で結成された。

解散時期が不透明である以上、院内会派・昭和会の当面の課題は議会での交渉団体としての資格＝二五名の確保であった。一二月から一一年一月にかけて暫く治まっていた政友会議員の脱党が再開された。章末の〈別表1〉の通り八名の議員が昭和会に入会し、解散当日の一月二一日には昭和会は二五名の交渉団体資格を得る事に成功した。昭和会が試みたもう一つの策は高橋蔵相との関係強化であった。昭和会は結成直後の二八日に高橋との晩餐会を開催し、席上高橋から以下のような激励を受けた。

自分は政党政治を賞揚するが然し政党に党争を勧めるものではない、政党による挙国一致の政治を求めて巳まないのである、斉藤前首相も岡田首相も自分と同様この信念を持って健全なる政党政治への復帰即ち憲政の常道に帰ることを衷心望んでいる、昭和会を結成した諸君も心を茲に致して貰ひたい（『東京朝日』一〇年一二月二九日朝刊二面）

解散とともに政治結社の届け出を行ない政党として動きはじめた昭和会はその選挙スローガンを公表したが、そこでは「挙国一致を破るものを葬れ」とならび「景気は高橋財政より」と謳われ高橋との連携が強調されていた（『東京朝日』一一年一月二三日朝刊二面）。二五名の交渉団体資格を整えた活動力は昭和会の存在感を強め、徐々に政局の「台風の目」に擬する論調も現れてきた。例えば清澤洌は総選挙後を次のように展望した。

今のところ政友会も民政党も絶対多数を獲得する自信を持って居らぬ。府県会の成績からいって政友会の方が多からうと予想するものも少なくないが、しかしその人も民政党が現在の頭数に釘づけにされて居るだろうとは考へなからう。結局バランスは国民同盟と、新らしく出来た昭和倶楽部によって左右されるであらうと観るのが普通だ（「次の政権はいづこへ」『日本評論』一一年二月）

更に国民同盟総裁安達謙蔵は同じ小政党である昭和会について、以下のような好意的評価を明らかにした。

政、民、いずれが勝つかといふことは次回の選挙に於ては、最も興味のかけられる点であらうが、これは昭和会の結果が大いに左右すると思ふ。昭和会の当選率が良いことは誰しも想像のつくことであって、政務次官、あるひは参与官級の人の当選は、大体確定性を持っていると思ふ（「政権の行方」『日本評論』一一年二月）

与党の優位さにあわせ内田信也の資金力の喧伝に基づく昭和会善戦の観測が流れる中[6]、昭和会は二一日の解散当日に早くも現職全代議士と二新人を公認し、章末の〈別表2〉の新人候補を次々と公認した。運動方針について当の内田は現職代議士のうち三閣僚と二、三人以外は「丸抱へ」にし、「公認料欲しさの泡沫候補」についてはまず公認のお墨付きを与え、運動の「成績次第では適当の後援をする」と明らかにした（『東京朝日』一一年一月三〇日付夕刊一面）。国民同盟の三二名・社会大衆党の三一名を上回る四九候補者を擁した昭和会の目標は「最高三四名最低二二名当選」であった（『東京朝日』一一年二月一〇日朝刊二面）。選挙戦終盤には昭和会の積極的な公認策は、結局民政党にとって有利にはたらくという以下の観察もなされていた。

内田の候補者を立てる具合を見るのに、当選率の多寡を目当てにするよりも寧ろ政友会の地盤攪乱に主力を注いでいる模様があるといふことだ。昭和会が政友会の地盤を引き掻き廻す時、そこに思はぬ拾ひものをするのは当然民政党である。それがためか今度の選挙を機会に、ロンドン海軍条約以来、内田と民政党との間に蟠まっていた悪感情は大ひに緩和された（四方田義茂「岡田内閣の運命」『中央公論』一一年三月）＊同号見出しの「四方田茂義」は誤植

結局のところ昭和会の選挙戦略は、①自らの勢力を少しでも拡張しキャスティング・ヴォートとしての存在感を強める、②できるだけ政友会の地盤を荒らし、岡田内閣の共同与党である民政党を側面援助

するの二点に集約される。二月二二日に確定した第一九回総選挙の次にみる結果は昭和会にとっては一喜一憂と評すべきものであった。

民政党 二〇五　政友会 一七四　昭和会 二〇　社会大衆党 一八
国民同盟 一五　諸派 六　無所属 二八
合計 四六六　＊過半数は二三四

第一の自勢力拡大という意味においては、現職七人が落選し現有議席を四下回った結果は昭和会にとって敗北であった。しかも章末の〈別表1・2〉にみるように現職一七・元職一・新人二という当選者分布は昭和会が新たな地盤を開拓できなかったという意味で深刻である。[7] かろうじて「第三党」の座は確保したものの、二〇議席ではキャスティング・ヴォートを握るに足りなかった。しかし第二の民政党側面援助という意味からはこの結果は一定の成果であった。政友会が現有議席を七〇近く減らした上に鈴木喜三郎総裁の落選（神奈川二区）という大惨敗を喫したのに比して、民政党は政友会を三一上回る予想を超えた勝利であった。『東京朝日』は二三日の「政府与党勝つ」と題した論説で、今後の政局を次のように展望した。

民政党が第一党になり、これに昭和会と、中立を名乗って出た政府支持の者を合すれば、国民同

盟その他の力を借りないでも、衆議院の過半数を制し得るのであるから、粛正選挙の結果は、政府与党の勝利として現れた

民政党と昭和会の合計は二二五であり過半数に九及ばなかったが、その補充は容易なことと思われていた。二五日の政党五閣僚協議で昭和会の内田鉄相は「昭和会は今後三十名までには増加する見込がある」と述べ、民政党総裁の町田忠治商相も「民政党も中立その他から四、五名は殖える」と予測し、特別議会までには岡田内閣の政府与党は絶対多数を確保できるという観測で一致した（『東京朝日』一一年二月二六日付夕刊一面）。昭和会の生命線は政友会から何名を引き抜けるかに懸かっており、鈴木総裁落選・惨敗で政友会が混乱状態に陥っている現状況はいわば千載一遇の好機であった。昭和会が政友会の切り崩し工作に邁進中の二月二六日早暁、周知の如く「二・二六事件」が発生し、昭和会にとっての幸運の女神は一瞬にして走り去ったのである。

第二節　政局の激動と消滅

第一九回総選挙の意味を喪失させた「二・二六事件」は、政党内閣復活の可能性に事実上終止符をう

った出来事として余りにも名高い。そして昭和会にとってもこれまで模索していた二つの可能性が失われた。まず昭和会が非政友会新党結成の精神的支柱とみなしていた高橋是清蔵相が殺害された。そして政権与党としての地位を保つために引き続き存続を期待していた岡田内閣は倒壊した。かかる逆境のなか昭和会はなお増員工作を続行し、三月五日に綾川武治・今給黎誠吾（いずれも無所属）、山口久吉・児玉右二（いずれも政友会）、七日に金井正夫（政友会）の参加を得て交渉団体資格の最低限である二五名には取りあえず到達した。更に代議士三名・前代議士二名の幹事による幹事会を発足させるなど政党としての制度化も試みられた（『東京朝日』一一年三月一二日朝刊二面）。事件の収拾に伴い、九日広田弘毅内閣が成立し、昭和会は閣僚ポストを失ったが、岡田前内閣と同じ「挙国一致内閣」であるがゆえに支持を表明した。広田内閣もその「挙国一致」性を強化するために政党出身閣僚の意向を受け、大政党と貴族院だけでなく小会派からも政務官を起用する方針を一三日の閣議で固めた。昭和会は政府の意向打診に対し、一旦は辞退を表明したものの結局林路一を拓務参与官に送り込み、小会派唯一の政務官ポストを得た。昭和会はなお「第三党」としての存在感を保持していたのである。戒厳令下の五月一日に、昭和会が初めての本格的な審議に参画する第六十九帝国議会が召集された。議会勢力は四日の段階で小会派の院内会派組織で次のように変動していた。

民政党　二〇五	政友会　一七一	第二控室　二七
昭和会　二五	第一控室　二二	国民同盟　一五
無所属　二		

社会大衆党系の第一控室と中立・無所属系の第二控室はそれぞれ議会内発言権の確保を意図して結成されたものであったが、第一控室は院内交渉団体資格の二五名には及ばなかった。もとより昭和会が人員確保に動いたのもこの要件の故であった。しかるに「二・二六」の衝撃の余韻は政界各方面に「庶政一新」というスローガンとして表現され、議会に於ても交渉団体資格という「形式主義」の清算がまず槍玉に挙がっていた。『東京朝日』はこの問題の淵源につき次のように伝える。

たまたま第三十議会における各派交渉会で初めて前三議会（第二十七、八、九）では事実上二十五名未満の団体は存在していなかったことを口実として交渉団体資格を二十五名以上とし二十五名未満の団体は交渉会に出席し得ないことは勿論各常任委員、特別委員にも割当てない慣行を確立してしまったのであった、これは要するに政党華やかなる頃の陶酔的党人心理から生れた形式編重の一つの現はれであったと見てよからう（一一年五月五日朝刊二面）

結局、民政党と政友会は二五名未満の会派の交渉団体資格を事実上黙認した。この結果、議員数にかかわらず社会大衆党系の第一控室と国民同盟の発言の場が保証され、第二控室と合わせ批判勢力としての活躍が評価されたのに比して、交渉団体の要件に拘泥した昭和会は埋没し、以下のように評されるに至った。(8)

昭和会は何うか、同会は今議会で殆ど活躍らしい活躍はしていない、なにしろ前閣僚三人、前政務官九人合計十二名といふ同会総員二十五名の中約半数が今議会提出の予算案、法律案の編成、立案の直接当事者だったからでもあり二・二六事件引責後尚謹慎中であると云ふ理由もあってのことであらう、然し何と云っても新人の少い長老連ばかりの集まりであることが溌剌を欠く大きな原因で庶政一新の空気の中では如何にも現状維持的な臭味が強いやうである（『東京朝日』一一年五月一九日朝刊二面）

政界再編成を標榜して生じた昭和会にとって「現状維持」というレッテルはやはり厳しい評価であっただろう。しかるに同年七月に広田内閣が議院制度調査会を発足させて取り組んだ議会改革問題でも昭和会はその「現状維持」性を裏づける行動を示したのである。

議会改革問題は軍部による議会権限縮小の試みとして悪名のみ高いが、個々の具体的改革案の中には議会の非能率を是正する意味で今日とも共通する課題があった。典型的には常会召集期改革問題である。平成三年の国会法改正で通常国会の召集は一月と定められたが、それまでは周知の通り一二月末召集・年末年始の自然休会に伴う会期の空費という悪習が定着しており、現行の一五〇日より短い三ケ月会期制（明治憲法四二条）をとっていた帝国議会下ではその弊害は著しいものがあった。会期空費の是正は政治改革の一つの眼目であり、広田内閣は七月二七日の議院制度調査会第一回総会で九月召集案を提示した。しかしこの案に対しこれまで政府のイエスマンともいうべき対応に終始してきた昭和会は初めての反対意見を早くも翌二八日に次のように明らかにした。

議会開会期を九月に変更するについては若し開会直後に解散があった場合農村は農繁期の為選挙に及ぼす支障少からず、又平時に於ても陸軍特別大演習の為首相、陸相其他供奉陪観するにより議事進行上不都合の点多きものと認む（『東京朝日』一一年七月二九日朝刊二面）

当の陸軍からも反対が唱えられ、九月召集案は撤回され代案である一一月召集・休会短縮案をめぐり調査会の審議は迷走を続け、結局改革の果実は得られず、昭和会の意見は政治改革の出ばなを大きく挫く効果を挙げた(9)。

以上検討したこれまでの議会慣行に基づく秩序を尊重する姿勢は、昭和会の政局対応能力の縮図であり限界であった。昭和会の目線は新興小会派ではなく既成政党とりわけ政友会に向けられていた。前にみたように第一九回総選挙で惨敗を喫した政友会は、落選した鈴木総裁の引退が観測され、「二・二六事件」に関与した嫌疑で実力者・久原房之助が憲兵隊に勾留され、長老の死亡が相次ぐ混乱状態にあった。昭和会の成立当初から内田信也・望月圭介・山崎達之輔の「三長老」が描く戦略の違いは喧伝されてきたが、分断するにせよ復帰するにせよ、政友会が標的であることは共通しているとみなされてきた。政友会の混乱に乗じ昭和会は内田の後任鉄相に就いた前田米蔵顧問を媒介とした政友会復党＝主導権奪回工作に積極的であった(10)。しかし内田が土木業協会から昨年九月の府県会議員選挙運動資金として五万円を受けたことに収賄の嫌疑がかけられた、いわゆる国鉄疑獄で一一月四日に起訴・勾留されたことで、昭和会は新たなる苦境を迎えた。

内田の転落に直面した昭和会は七日の代議士会でその存続を確認したが、残された指導者望月・山崎の間にはもはや埋め難い政治路線の違いが生じていた。結成当初は最も政友会復帰願望が強いと思われていた山崎はこの時期には、既成政党の枠組みに捉われない新党結成運動に参画するようになっていた。既に豊富な研究蓄積がある如く、政友会の新実力者・中島知久平と民政党幹事長永井柳太郎がいわゆる「近衛新党」運動に深く関係していた事は著名であるが、その延長上にある「荻窪（有馬頼寧邸）会談」に山崎は一二月二六日・一二年一月六日・同一七日の三回に出席した。(11)

水面下で行なわれた同会談は政変で表面化した。第七十帝国議会冒頭のいわゆる「腹切り問答」に端を発した広田内閣総辞職・陸軍の不同意による宇垣内閣不成立の結果二月二日に発足した林銑十郎内閣は「荻窪会談」出席者七名から三名（林首相・結城豊太郎蔵相・山崎農相）が入閣した。林は更に出席者の中から中島知久平・永井柳太郎の起用をめざしたが、離党条件の前にいずれも入閣を拒絶した。山崎についても離党条件が付されていたが、昭和会は同日離党を認めた。山崎の離党・入閣は「現状維持」という以外何等の方向性がないと見做されていた昭和会が「革新」陣営に踏み込んだことを意味する。しかしその足並みは一様でなかったことを『東京朝日』は次のように指摘する。

有馬邸の新党会合の外に帝国ホテルには（中略）山崎氏の事務所まで出来ていた程である一方に

は又昭和会の守屋栄夫、窪井義道、森肇、林路一、春名成章、豊田収の諸君が山崎御大を担いでしきりに各派陣笠連に呼びかけていたのである。さうして不思議なことにはこの中の守屋君が朝鮮関係から林大将を中心とする会を作ってしきりに会合をやっていたといふ、林内閣と昭和会との間に一連の繋がりが最初からあったのである（中略）かういふ陰謀ありとは知らなかった内田系の青木精一君がびっくりして望月圭介老を訪問して事情を明かし望月御大が「怪しからん」と大いに憤慨し（中略）昭和会は他党に先んじて大動揺をしている。（一二年二月四日朝刊二面）

俗に山崎の入閣時点で昭和会は林内閣唯一の議会与党と化したという単純な認識がなされているが、そもそも民政・政友の大政党は議会で林内閣と対決しておらず、離党して入閣した山崎の行動を昭和会全体が支持した訳ではなかった。昭和会は確固たる方針を出すことなく政府に批判的な小会派の側から妥協的な大政党の側へと彷徨していたのが実像であった。

まず第七十帝国議会正月休会中の一月一二日に社会大衆党・第二控室・国民同盟・東方会の小会派は広田内閣の外交失敗を糾弾する目的で外交問題協議会を発足させたが、この席に昭和会の青木精一幹事・児玉右二が出席していた（『東京朝日』一二年一月一三日朝刊二面）。政変後も昭和会の軸足は小会派の側にあった。林内閣下の議会における争点は広田内閣編成より約二億五〇〇〇万円を減額し、その結果地方財政調整金が大幅に削減された予算案の取り扱いであった。予算案通過の代償として民政・政友の大政党は地方財政調整金三〇〇〇万円増額による妥協を迫っていたが、小会派は独自の動きを見せていた。二月二五日に昭和会を加えた五小会派は調整金の徹底増額を声明し、二六日には「野中（国盟）三宅（社大）青木（昭和）由谷（東方）今井（第二）」の代表者が林首相・結城蔵相・河原田内相と会見し要求した（『東京朝日』一二年二月二七日付夕刊一面）。

小会派と歩調を合わせてきた昭和会がその陣列から離脱したのは三月六日の委員会における予算案採決の際であった。妥協を不徹底とし反対を唱えた社会大衆党・東方会、独自の立場から賛成した国民同盟・第二控室とは異なり、昭和会は民政・政友との三派共同の付帯決議を付して賛成する態度をとったのである（『東京朝日』一二年三月七日付夕刊一面）。予算成立後の議会は大政党主導で提案された衆議院議員選挙法改正案（違反取り締まり緩和）や懲罰案件などをめぐり大政党と小会派との間の対立が顕著となってくるが、昭和会の名は小会派の側には現れず寧ろ大政党との提携の文脈で報じられている。結局議会は多くの重要法案通過の目処がつかぬまま最終日の三月三一日を迎え、林内閣は政党に反省を促す著名な「食い逃げ解散」を敢行した。突然の解散・総選挙は軍部による既成政党破壊＝新党組織と関連して論じられたが、次に見る四月一〇日の児玉秀雄逓相談話は昭和会の運命を規定する意味で重要である。

国民同盟もなんだが昭和会が一番纏って都合がよいから昭和会が万事与党として今後中心的存在となるはずだ、新党組織のやうな問題も無論選挙後でなければ起って来ないだらうが矢張り昭和会が中心となってゆくことにならう（『東京朝日』一二年四月一一日朝刊二面）

昭和会は同日林内閣の発表した「八大国策」と同根の国体明徴・自主的外交を筆頭とする「十大政策」を掲げ、ここに於て初めて唯一の与党という立場に自らの存在を賭けるに至ったのである（『読売』一二年四月一一日付夕刊二面）。しかし政友会脱党以来の課題である民政・政友両党の強力な地盤の克服はこの時点でも全く成算が立たず、昭和会は前回総選挙より一四名少ない三五人に公認をとどめ現有議席の維持・中立を加えて「三十名内外」が次の展望を見い出すための最高且つ最低の目標であった（『東京朝日』一二年四月二四日朝刊二面）。その上前回の総選挙で掲げた「挙国一致」と比して、林内閣支持はリスクの大きいスローガンであった。例えば一一年三月に政友会を脱党し、昭和会に加わった山口久吉（東京七区・当選一回）は選挙戦で次のように演説した。

政党ハ資本主義自由思想家ノ手先ナノデアリマス、軍部ハ之等ノ人達ト合流シテ国政ヲ審議スル事ハ出来ナイト云フノガ正シイ見方デアリマス、（中略）軍人ハ決シテ政治ノ当事者タルヲ好マナイノデアルガ今ノ政党ニハソレガ出来ナイノデアル、多数ノ下積トナッテ腐ッタ政党ニハ属シタクナイ、例ヘ少数ト雖、昭和会ノ同志ト国政ニ善処シ度イ、私ノ生命ハ来ル三十日ガ分岐点デアリマスカラ御援助ヲ願ヒマス(12)

昭和会の苦戦は続き、投票日直前の二八日の閣議に報告された内務省の予想でも現有議席よりも減少する見通しが盛り込まれていた（『東京朝日』一二年四月二九日付夕刊一面）。三〇日の投票日を迎え昭和会は「小異を捨て大同へ」という声明を出したが、結果は以下の通りの厳しいものであった。

民政党 一八〇　政友会 一七四　社会大衆党 三七　昭和会 一八

国民同盟 一一　東方会 一一　諸派 九　無所属 二六

合計 四六六

昭和会の個別当落は章末の〈別表3・4〉に見る通りであるが、新人当選者はゼロに終わり現職を五名落選させていた。現職の落選者のうち、先に演説をみた山口の場合は前回得票の一万三〇〇一票の三分の一以下の四一六六票に留まる惨敗であり、同じ選挙区で一万四一三三票を集め当選した社会大衆党の新人とは対照的な結果であった。東京七選挙区で八議席を獲得し、議席を倍増させた社会大衆党のみが選挙戦の勝者であり、議席を二五減らした民政党と三しか増えなかった政友会は敗北とみなされていたが、三党は打倒林内閣という一点では共通しており、輿論の標的も林内閣と唯一の与党を標榜して選挙を戦った昭和会にあった。これまでも昭和会に対する世評は決して好意的なものではなかったが、『東京朝日』の「自らの蒔いた種を刈る時が来たまでのことである」という冷淡な総括は、その存在価値すら否定するものであった。（一二年五月三日朝刊二面）。五月二一日の総選挙後初の代議士会で「長老」望月圭介は昭和会の解党を提案し全会一致で了承された。〈新党とキャスティング・ヴォート〉・〈「現状維持」と「革新」〉との間を揺れ動いた一つの政党の生涯が終わったのである。

むすび

昭和会の軌跡は本書で検討してきた近代日本における「第三党」の悲哀を凝縮している。およそ「第三党」には次の類型を想定することができるであろう。

一、「新党」として既成政党の地盤を破壊し政権獲得のため過半数をめざすもの
二、キャスティング・ヴォートを握り少数のまま政権参画をめざすもの
三、完全な野党として政府批判にその意義を見い出すもの
四、実態は「一人一党」であるが議会内の活動単位としてクラブを組織するもの

近代日本においては一のタイプの新党は国民党を破壊した立憲同志会を除きその成功例に乏しく、政友本党の挫折はその困難を改めて確認する出来事であった。そして二のキャスティング・ヴォート型の政党も典型的には山県有朋の「三党鼎立論」にみられるように、政府の側からの政党操縦に淵源を発しており、政党政治の邪道というイメージが強かった。[13] その結果近代日本の「第三党」は三のスタンスを採り「是々非々」を標榜するものの、実態は四のクラブのような消極的な存在にとどまる事例が多かった。[14]

「第三党」の積極的な効用を証明する事例に乏しい政治的伝統の中で、昭和会は「新党」路線は早々

に放棄し、自らの生命線を岡田内閣存続のためのキャスティング・ヴォートたる地位と議会内の交渉団体資格（二五名）維持の二点に賭けざるを得なかった。いずれの目標も第一九回総選挙では一定の成果を収めたが、それは「二・二六事件」によって瞬時にかき消されてしまう。「二・二六事件」はかつて清澤洌が「強力なる『第三党』」と評した軍部を「第一党」に押し上げ[15]、広田内閣の成立はそれまでかろうじて問題とされていた衆議院過半数の確保という命題の政治的意義を低下させた。

「二・二六」を分水嶺とした政局の激動は、昭和会がもう一つの生命線とみなしていた交渉団体資格に代表される政党政治全盛期に形成された「旧き良き」議会内慣行をも動揺させていた。第六十九帝国議会における交渉団体資格の空文化は社会大衆党・国民同盟等の政府批判を存在意義とする「第三党」に言論活動の場を提供し、逆に沈黙に終始した昭和会には「現状維持」という烙印が押された。軍部という比喩上の「第三党」と選挙毎に議席を着実に伸ばす社会大衆党を軸とした現実の「第三党」との狭間で埋没した昭和会は「長老」内田信也のスキャンダルにより政党からクラブ組織に転落しつつあった。

しかも昭和会は「革新」か「現状維持」かという政治路線をめぐり、クラブ組織ですら維持し得ない程の対立を抱えていた。林内閣下の第七十帝国議会では「革新」の文脈からの政府批判を旨とする小会派の一群に与するか、それとも政府に妥協的な民政・政友の二大政党に与するかを巡り昭和会は一貫しない対応を見せたが、それは対立の一表出でもあった。換言するならばクラブに追いつめられた昭和会は「革新新党」の捨て石となるか、慣れ親しんだ既成政党に介在する「第三党」の位置になお止まるかの選択肢に直面していた。結局昭和会を離党して林内閣に入閣した山崎達之輔の「革新」方針が優勢となり昭和会は林内閣唯一の与党を標榜して第二〇回総選挙に臨んだがそれは短期的には余りにも成算のない戦いであった。

山崎は民政・政友以外の勢力が一〇〇名を超えた結果を「議会の質的変化」と位置付けなお選挙結果を強気に観察したが（『東京朝日』一二年五月三日朝刊三面）、惨敗を受け昭和会はその存続を断念した。政友会離党組ながら「一人一党」の立場から行動を共にしなかった秋田清が起草したといわれる望月圭介の昭和会解消演説の次の一節は、昭和戦前期の民政・政友の二大政党秩序を前提とした「第三党」の挽歌を物語るとともに、以後の事態をも先取りするかのような内容であった。

仍て茲に私は諸君に向って御相談申し上げたいのでありますが、それは此の際断然我が昭和会を解党しては如何かという一事であります。昭和会は固より何物にも捉えられざる中正穏健を旨とせる結社でありまして、世間の憶測せる如く現内閣支持の使命を持って居るものでもなく、また之れと絶対に相容れざる立場という訳でもありません。他の既成政党に対しても同様であります。只今日の時局に処し、真に国家の為め、政府に対しても又他の政党に対しても各々反省自覚して至誠奉公大義に殉ずべく、其の立場を捨て私を忘れんことを要望する上に於いて、所謂隗始の意義に基き是の事を提唱致すのであります。素より議員諸君が院内に於ける職務の遂行に就ては、交渉団体を持たるることが便宜であり、或は必要であるかとも存じますが、夫れらは別に志を同じうする者と共にその手続を採られれば、議員倶楽部なり何なり新組織の成立は容易であろうと思います。要するに、既成の党派的存在を解消し、各自良心に従って所信を貫き、代議士たるの本分を完うするが宜しいというのが私の意見であります。[16]

解党した昭和会の所属議員は国民同盟・秋田清を含む無所属議員と共に院内会派第一議員倶楽部（四九名）に落ち着いた後、昭和一四年以後章末の〈別表5〉の如き道を歩んだ。そして中野寅吉・内田信也・岸田正記・永山忠則の四名を除き戦後の政界に姿を現わすことはなかった。昭和会を「大政翼賛会への小型バス」と揶揄することはたやすい。しかしその存在は新党、キャスティング・ヴォート、批判政党、クラブの選択肢の中を彷徨する日本の「第三党」のジレンマを、戦前期政党政治の掉尾に存在したが故に最も集約した形で示すものであった。

（1）伊藤隆氏の一連の著名な研究群の中で「『挙国一致』内閣期の政界再編成問題（一）」〈『（東大）社会科学研究』二四巻一号（一九七二年八月）〉・「国民同盟の結成」〈『昭和期の政治（続）』（一九九三年、山川出版社）所収〉は特に示唆的であった。

（2）升味準之輔『日本政党史論』第六巻（一九八〇年、東京大学出版会）は一九・二〇回総選挙結果から昭和会の得票基盤は「かなり非大都市的」であり、代議士の職歴は地方議員ではなく実業関係経歴が「きわめて多い」と分析している（三八〇－三頁）。なおこの時期の内政に関する重要な個別研究としては粟屋憲太郎「一九三六、三七総選挙について」〈『日本史研究』一四六号（一九七四年一〇月）〉・坂野潤治「戦前日本『民主化』の最終局面（一九三六・三七年）」〈『(東大）社会科学研究』四九巻三号（一九九八年一月）〉があるが、前者は無産政党を後者は無産政党と既成政党の対峙を分析の焦点としており、本稿が対象とする昭和会について明確な位置付けは与えられていない。

（3）したがって本稿は同時代の総合雑誌・新聞を重視している。紙数の関係から単純な引用はすべて本文中に典拠を明示した。但し「二・二六事件」を境に総合雑誌が政党を積極的に採り上げなくなり、昭和会に至っては断片的記述しか見られないため、「二・二六」後の第二節では新聞の資料的比重を高めた。匿名という性質から直接の引用は避けたが城南隠士『政界夜話』（一九三七年、新日本社、『文芸春秋』連載）・湘南隠士『政界秘帖録』（一九三六年、新生社、『政界往来』連載）の二大政治月評も本稿構想の礎となっている。なお引用にあたっては漢字を新字体に直す等読み易さを配慮した表記に改めた。

（4）イハラキ時事社編『風雲児内田信也』（一九三五年）四〇一－九頁には昭和九年一二月二二日の参加者五四〇〇余名を数えた倶楽部の発会式が詳細に記録されている。

（5）データは『東京朝日』昭和一〇年一〇月一七日朝刊二面「粛正運動の効果与党常勝の弊破る／政民の地盤依然固し」に基づく。

（6）例えば城南隠士前掲『政界夜話』は内田が集めた選挙資金は「五十万円以上」と伝え「金の力と、政友会の同志討の隙を狙うて二十人を少しは越しさうな按配」と観測していた（三六四－五頁）。湘南隠士前掲『政界秘帖録』四三七－九頁「豪勢な昭和会」の項にも同様の観察が見られる。

（7）二名の新人議員のうち永山忠則は、望月圭介が膝元の広島県総務課長に昭和会候補者の人選を依頼した際、県議の永山は当選確実であると推薦されたため出馬したと回想している。望月は広島三区の永山の地盤である庄原町長・商工会長に運動費として七万円を渡したという〈土屋達彦『ゆずり葉の記－永山忠則伝』（一九八六年）八〇－一頁〉。

（8）但し『東京朝日』昭和一一年五月二五日朝刊二面コラムは次の議会模様を伝える。
・昭和会の議会一年生永山忠則、綾川武治の両君議席の相並んで最前面であり隣は何れも一癖ある無産党の面々、その感化影響もあってか所謂既成政党中では最左翼らしく頻に無産党の闘士に声援を惜しまないので政民両党有志から抗議が出た

（9）この問題については川人貞史『日本の政党政治一八九〇―一九三七年』（一九九二年、東京大学出版会）二六〇―一頁・村瀬信一『帝国議会改革論』（一九九七年、吉川弘文館）一四二―五七頁を参照。昭和会からは山崎達之輔・青木精一が委員として出席したが七月二七日の第一回総会で青木は議会召集と解散総選挙が連動した場合「四月カラ九月十月マデハ非常ナ農繁期デゴザイマス」と召集期変更に疑念を表明していた〈国立公文書館所蔵「議院制度調査会総会議事速記録」（二A―三六―㊄九四七）第一回四二頁〉。

（10）例えば山浦貫一「苦悶の政友会」（『中央公論』昭和一一年七月）及び白木正之『日本政党史・昭和編』（一九四九年、中央公論社）二二九頁。

（11）伊藤隆『昭和期の政治』（一九八三年、山川出版社）三九頁。

（12）粟屋憲太郎・小田部雄次編『資料日本現代史9／二・二六事件前後の大衆動員』（一九八四年、大月書店）一九五頁〈警視庁情報課収集の昭和一二年四月一〇日演説〉。

（13）馬場恒吾『国民政治読本』（一九三六年、中央公論社）所収「新党運動の価値」は「古来二大政党の間に立って、カステング・ヴォートを握ると云った政党に終りを完うしたものはない。自分等が天下を背負って立つ程の大政党にならうといふ抱負を懐かず、只二大政党の間に介在して利口に立ち廻らうといふことを以て理想とする。その心掛けが間違っていた。議会始まって以来第三党は種々雑多のものが現はれた。それは何時でも終には二大政党の何れかに吸収されるか、然らずんば自然消滅に帰した」（一七七頁）と評する。この論説の意義については御厨貴『馬場恒吾の面目』（一九九七年、中央公論社）一一一―三頁を、又関連した問題については同書一四二頁を参照。

（14）本書第一章を参照。

（15）清澤洌『現代日本論』（一九三五年、千倉書房）一二一―三〇頁及び北岡伸一『清沢洌』（一九八七年、中公新書）一三七頁も参照。

（16）三枝博音編纂主宰『望月圭介伝』（一九四五年）四八八―九四頁及び吉田弘苗『秋田清』（一九六九年）六〇三、七九二―五頁。本文引用は後者から。なお昭和会の一員林路一は解党直後に次の興味深い内容の書簡を地元支持者に送っている。

小生爾来政局の動向に深甚の注意を払ひ、且つ柄相応の活動を致し居候。昭和会の解党は小生一月以来の主張にて漸く望月長老の処置により滞りなく解決、斯て新党問題に一歩を進めたるは快心の至りに御座候。小生は素より旧昭和会員にて政友会復帰をするが如き不見識の者一人も無之候間御安心被下度候。木下政友支部長帰道の途中函館にて昭和会解消を知りたると見へ同地より政友復帰され度き旨懇電に接し候も所信を枉げ難く、忠誠奉公の途に対する信念の相違如何とも致し難き旨叮重に返電致し置き候。尊敬すべき老人ながら老人の認識は結局現状維持を一歩も出でざる次第にて先輩の為に惜しき限りに存じ候。〈山下龍門『林路一傳』（一九三九年）一六七頁所収当麻村居守勘太郎宛昭和一二年五月二九日付書簡／文中の木下政友支部長は政友会の領袖木下成太郎である〉

〈別表〉

以下の別表は同時代の新聞資料と次の文献を照合した上で妥当なデータを採用し作成した。

・『議会制度百年史　院内会派衆議院の部』（一九九〇年、衆参両院）
・『衆議院議員総選挙一覧』第一九回・第二〇回（一九三六、三七年、衆議院事務局）

〈別表１〉

昭和会所属現職議員24名第19回総選挙データ

官職欄の略号は「相」＝大臣・「次」＝政務次官・「参」＝参与官である

氏 名	官職	選挙区	政友会離脱日	得票	当落	順位
林 路一		北海道２	11年　1・20	19527	当	2
兼田 秀雄	鉄参	青森２	9年　7・19	13300	当	2
守屋 栄夫	農次	宮城１	9年　7・19	16325	当	2
中野 寅吉		福島２	11年　1・20	13169	落	6・次点
青木 精一	逓次	群馬１	9年　7・19	22286	当	2
内田 信也	鉄相	茨城１	9年　7・8	34793	当	1
石井 三郎	陸参	茨城２	9年　7・19	14018	当	2
飯村 五郎		茨城３	9年　9・17	19166	当	2
春名 成章		静岡２	9年　7・14	12884	当	2
熊谷 五右衛門		福井	11年　1・18	16687	当	5
伊坂 秀五郎		三重１	11年　1・20	11751	落	7
長田 桃蔵		京都２	11年　1・20	7853	落	6
井阪 豊光	外次	大阪６	9年　7・19	21390	当	2
畑 七右衛門		兵庫５	11年　1・21	9149	落	4・次点
難波 清人		岡山１	11年　1・20	11134	落	6・次点
豊田 収	蔵参	鳥取	9年　7・19	16738	当	3
岸田 正記		広島１	10年　6・13	15407	当	4
望月 圭介	逓相	広島２	10年　5・10	20272	当	1
渡邊 伍**		広島２	10年12・23	12042	落	5・次点
窪井 義道	海参	山口２	9年　7・19	15323	当	2
山崎 達之輔	農相	福岡３	9年　7・8	17801	当	1
樋口 典常	鉄次*	福岡３	9年　7・19	10103	落	7
森 肇	農参	長崎２	9年　7・19	17620	当	1
蔵園 三四郎	鉄次*	鹿児島１	10年　9・5	14238	当	2

＊鉄道政務次官は10年８月31日に樋口から蔵園に交代した。
＊＊渡邊伍は政友会籍のまま参加した。
当初、瀧正雄（愛知３区）が参加したが、11年１月20日無所属に転じた。

〈別表２〉

昭和会第19回総選挙公認新人・元職25名データ

氏 名	選挙区	新元	得票	当落	順 位
松村 金助	青森１	新	5677	落	7
三鬼 鑑太郎	岩手２	新	14199	当	4
高橋 邦夫	宮城１	新	6087	落	9
内海 安吉	宮城２	新	7250	落	4・次点
磯 瀬一	栃木１	新	4966	落	8
石田 政蔵	埼玉１	新	13900	落	5・次点
岩瀬 為吉	千葉２	新	5482	落	6
伊集院 兼清	東京１	新	1404	落	13・供託金没収
渡辺 忠雄	東京３	新	2094	落	8
本多 市郎	東京４	新	4614	落	7
服部 毅	東京５	新	4799	落	10・供託金没収
宮川 千之助	山梨	新	880	落	11・供託金没収
高廣 三郎	富山２	新	2854	落	7
池永 三海	京都１	新	6621	落	8
佐川 潔	大阪４	新	3885	落	9
種子島 幸雄	兵庫１	新	6559	落	8
西阪 勝太郎	奈良	新	2531	落	9
山本 久雄	和歌山１	新	5482	落	6
松本 真一	和歌山２	新	5593	落	6
野崎 茂平	岡山２	新	3928	落	7
永山 忠則	広島３	新	18349	当	3
陣 軍吉	宮崎	元	9234	当	5　元民政党
二見 甚郷	富崎	元	9096	落	6・次点　元政友会
宮下 厳	鹿児島２	新	3605	落	7
下園 庄蔵	鹿児島２	新	2557	落	9

〈別表３〉

昭和会所属現職議員21名第20回総選挙データ

党内役職欄の数字は帝国議会の回数を意味する

氏名	選挙区	得票	当落	順位	党内役職
林 路一	北海道2	16749	当	2	幹事
兼田 秀雄	青森2	5433	落	6	
守屋 栄夫	宮城1	13424	当	4	
青木 精一	群馬1	19390	当	2	幹事・院内幹事70
内田 信也	茨城1	18043	当	1	長老
石井 三郎	茨城2	9716	落	4・次点	
飯村 五郎	茨城3	15988	当	4	院内幹事70
山口 久吉	東京7	4166	落	6	院内幹事69
春名 成章	静岡2	11690	当	4	院内幹事69・70
熊谷 五右衛門	福井	16479	当	5	
井阪 豊光	大阪6	18840	当	1	幹事・院内幹事70
豊田 収	鳥取	15543	当	4	
岸田 正記	広島1	18357	当	1	
望月 圭介	広島2	20715	当	2	長老
永山 忠則	広島3	22864	当	1	院内幹事69・70
児玉 右二	山口2	7802	落	6・次点	
森 肇	長崎2	17827	当	2	
陣 軍吉	宮崎	10801	当	5	
蔵園 三四郎	鹿児島1	8981	当	5	代議士会長70
今給黎 誠吾	鹿児島1	8422	落	7	
金井 正夫	鹿児島3	12777	当	2	

中立として立候補　窪井義道　（山口２区・17677票・当・２位）院内幹事70
離党中の閣僚　山崎達之輔（福岡３区・16779票・当・２位）長老

〈別表4〉

昭和会第20回総選挙公認新人・元職14名データ

氏 名	選挙区	新元	得票	当落	順 位
内海 安吉	宮城2	新	11581	落	4・次点
中野 寅吉	福島2	元	15302	当	4
小澤 治	茨城1	新	9267	落	5・次点
伊集院 兼清	東京1	新	2388	落	9
菊地 義郎	東京5	新	11640	落	9
佐川 潔	大阪4	新	4120	落	9
松本 真一	和歌山2	新	5068	落	5
玉野 知義	岡山1	元	10263	当	5 元政友会
渡邊 伍	広島2	元	13859	落	5・次点
松田 雪堂	広島3	新	3759	落	8
矢野 清一郎	高知2	新	1324	落	6
樋口 典常	福岡3	元	7125	落	9
松尾 宇一	宮崎	新	1661	落	11・供託金没収
宮下 厳	鹿児島2	新	5045	落	8

〈別表５〉

昭和会所属 19 代議士昭和会解散→第一議員倶楽部所属後の軌跡

林 路一	昭和 13 年 6 月 27 日死亡
守屋 栄夫	翼賛議員同盟・翼賛選挙で推薦／当選
中野 寅吉	政友会久原派・同中立派・無所属・第一控室・翼賛選挙で非推薦／落選
青木 精一	政友会中島派・翼賛議員同盟・翼賛選挙で推薦／当選
内田 信也	翼賛議員同盟・翼賛選挙で推薦／当選
飯村 五郎	翼賛議員同盟・翼賛選挙に出馬せず
春名 成章	政友会中島派・翼賛議員同盟・翼賛選挙で推薦／落選
熊谷 五右衛門	翼賛議員同盟・翼賛選挙に出馬せず
井阪 豊光	政友会中島派・翼賛議員同盟・翼賛選挙で推薦／当選
玉野 知義	政友会久原派・同中立派・翼賛議員同盟・議員倶楽部・翼賛選挙に出馬せず
豊田 収	政友会中島派・翼賛議員同盟・翼賛選挙で推薦／当選
岸田 正記	政友会中島派・翼賛議員同盟・翼賛選挙で推薦／当選
望月 圭介	政友会中島派・昭和 16 年 1 月 1 日死亡
永山 忠則	無所属・議員倶楽部・翼賛選挙で推薦／当選
窪井 義道	政友会中島派・翼賛議員同盟・翼賛選挙で推薦／当選
森 肇	政友会中島派・翼賛議員同盟・翼賛選挙で推薦／当選
陣 軍吉	政友会中島派・翼賛議員同盟・翼賛選挙に出馬せず
蔵園 三四郎	昭和 14 年 4 月 6 日死亡
金井 正夫	政友会中島派・翼賛議員同盟・無所属・第一控室・翼賛選挙で推薦／当選

あとがき

本書に収められた論文六篇の原型は一九九〇年から二〇一三年にかけて、断続的に執筆された。二〇年以上の歳月を費やした正しく鈍牛の歩みの如き研究ではあるが、曲がりなりにも継続できたことに喜びを感じ、個々の論文に対する愛着もある。ここではそれぞれの論文の成立事情・エピソードなどを論文の発表順に紹介する。これは同時に私の研究史の一端を辿ることとも重なる。

第一章　甲辰倶楽部と日露戦時議会　（『立教法学』三五号、一九九一年）

発表時に私は、出身校である立教大学法学部の助手（任期二年）を務めていた。特にご指導を仰いでいた北岡伸一教授（現在東京大学名誉教授）の御示唆により政党研究に着手した。当時私の問題関心は、行政改革に伴う裁判所の削減・復活をめぐる政治過程の解明にあり、すでに論文二点を作成していた。ただ北岡教授は、こうした大胆で特殊な研究にのめりこむ私を危惧し、より正統で着実な政党政治史の研究を勧められた。このお勧めには、同時に就職のために業績を増やすようにという「親心」も込められ、論文の生産性を向上させるためにも政党というテーマが望ましいという含意もあった。

お勧めに従い、特に研究しやすい小政党をピックアップしていく中で、偶然最初のテーマとして浮上したのが甲辰倶楽部であった。約二か月国立国会図書館の新聞閲覧室のマイクロリーダーに向かい甲辰倶楽部に関する記事を洗い出してみた。ただその時に発見したことは、小政党に関する明治期の記事は、現在のように必ずしも規則的に掲載されているわけではないという事実である。根気強く複数の新聞を調べようやく一紙で、重要な記事に出会うこともよくあった。且つ国会図書館未所蔵の地方新聞もあり、小河源一の脱党理由声明記事（本書一〇頁）を求め、山口県立図書館まで足を延ばしたことも思い出の一つである。こうした苦心惨憺の末作成したのが本論文であった。論文の生産性を向上させるという御期待には、非力な私はそう簡単に応えられるものではないことを痛感した。

草稿を書いた段階で、立教政治研究会で報告する貴重な機会が与えられた。博学な政治系スタッフを中心とするこの研究会では数々の貴重なコメントを賜った。なかでも高畠通敏教授（故人）から登場人物の南條吉左衛門に関するエピソードを含めた、重要な指摘をいただいた事は忘れえない思い出である。その後の手直しを経て『立教法学』に掲載された本論文は、例えば川人貞史氏の『日本の政党政治1890−1937年』（一九九二年、東京大学出版会）一一〇頁で言及されるなど一定の評価を得た。

翌年私は幸運にも静岡県立大学の政治学教師として職を得ることができた。苦心惨憺した政党研究はしばらくお休みとし、本来の裁判所研究に集中できる環境が整い、成果は単著『近代日本の行政改革と裁判所』（一九九六年、信山社）にまとめることが出来て、九七年には博士（政治学）の学位を学習院大学にて取得した。

第六章　「昭和会」の研究　（『静岡県立大学国際関係学部紀要』一二号、二〇〇〇年）

三〇歳台半ばで研究者としての、基礎的条件を満たした段階で、思い出したのが長らく中絶していた政党研究であった。今一度そこに立ち返るべく習作として九年ぶりに執筆したのが、本論文である。「昭和研究会」と混同されやすい名称の「昭和会」は、政友会の重鎮望月圭介の脱党の流れで結成された。かねて政党機関誌「政友」・「民政」を通読していた段階から、この脱党劇に関心を持ち、大部な『望月圭介伝』や当時の総合雑誌に掲載された『政界夜話』・『政界秘帖録』などの魅力的な政治月評を通じ、昭和会に関する思索を深めていた。それをベースに、顧みられることの少ない「昭和会小史」を企図して執筆したのが本論文である。史料の探索は前論文同様苦心し、札幌の古本屋で昭和会解党の事情に言及している『林路一傳』が入手できた喜びは忘れがたい。

資料的にも分析にも習作の域を出ない論文ではあるが、四〇歳台を迎えた自分自身に政党研究の勘を再び思い起こさせてくれたという点で愛着がある。なお一九九九年から二〇〇〇年にかけて科学研究費補助金（基盤研究C（2）近代日本における「第三党」の研究）を受けた。主な研究成果はこの論文と次の論文である。

第五章　第三党・明政会の政治技術（昭和三年）

（『静岡県立大学国際関係学双書一八　テクストとしての日本』、二〇〇一年）

二つの論文を書いてきたが、いずれも新聞など活字史料がベースとなっており、原史料を活用した政治史研究の醍醐味を発揮できていない弱みを痛感していた。その意味で研究者としての初心に戻り、国立国会図書館憲政資料室に週末、通いつめ活用できる原史料を探索する習慣を再開した。その過程で鶴見祐輔関係文書（一九九五年より公開）に残された大量の明政会関係メモと出会えたことは、衝撃的であった。著作家としても名高い鶴見のメモは幸いにも私にも読みこなせる文字で、克明に明政会の意思形成過程やキーパーソンとの会見内容を記録していた。詳細は本文に譲るが、おそらく政党というブラックボックスを原史料で解明したという点では、最も興味深い内容であると思われる。政党研究の壁は、政党内部の意思形成過程が詳らかにできない点に存するが、本論文はその壁に風穴を開けたものと自負している。ただ発表媒体が必ずしも広く流通していないため、多くの読者を得なかったが、本書掲載を機会に新たな読者の目に留まることを期待している。

三作目を書いたところで、再び政党研究は小休止する。理由は北村公彦学習院大学名誉教授（故人）から『現代日本政党史録』（全六巻、二〇〇四年、第一法規）の編纂に参画することを求められ、「政党史年表」を担当することとなったためである。戦後日本政党史をカヴァーする本格的な年表の作成は実に根気を要する仕事であった。小西徳應（明治大学）・峰久和哲（朝日新聞）の両氏との共同研究は大変勉強になり、ピンポイントの政党研究に耽溺していた私の視点を、歴史的文脈への着目に大きく広げることとなった。苦心の末出来上がった「政党史年表　一九四五―二〇〇三年」（『現代日本政党史録　6』掲載、二〇〇四年）は実に地味な成果ではあるが、忘れえない四〇歳台前半の仕事であった。

第三章　政友本党の基礎研究　（『国際関係・比較文化研究』第五巻第一号、二〇〇六年）
第四章　中期政友本党の分析　（『国際関係・比較文化研究』第六巻第一号、二〇〇七年）

この二論文は連作である。政党史年表の作成を境に視野の拡大を意識した結果、これまでの小政党中心の分析から、政友本党という著名且つ巨大な第三党の研究を志向するに至ったためである。史料の探索には勤務する静岡県立大学の研修制度を活用した。二〇〇五年一二月から〇六年一月まで約四〇日を研究に専念できる環境を整えていただいたことに改めて感謝の意を表したい。修業時代に戻ったように毎日国会図書館や明治新聞雑誌文庫（東京大学法学部）などに通いつめ、古本屋も巡り政友本党にターゲットを絞った史料収集を行なったが、驚くべきことに政友本党の機関誌たる「党報」は、全冊そろった状況にはなく散逸していることが判明した（この点政友会や民政党系政党の機関誌完備とは対照的である）。なるほど政友本党の研究が進んでいない理由はここにあるのかと合点がいった。それならば現状で確認できる機関誌を着実に整理分析し、そこから政友本党という政党組織を浮き彫りにする基礎研究に踏み出すこととなった。第三章はその成果である。

研修期間に資料を探索するうちに、衆議院図書館から国会図書館に引き継がれた分の「党報」が未公開であることに気づき照会してみた。こうした事が功を奏したのか、二〇〇六年五月から一二冊が新たに整理され公開に供された。その新規公開分を利用して、再度政友本党の党運営・地盤育成活動を分析したのが第四章である。学界の共有財産とするために両論文には利用した「党報」の目次を掲載した（なお政友本党「党報」の未整備は今も継続している。未発見の六〜一八号につき情報をお持ちの方は、ご一報いただけますならば幸いです）。

第二章　小会派政治家の選挙・政党観

（松田宏一郎・五百旗頭薫編『自由主義の政治家と政治思想』所収、中央公論新社、二〇一四年）

本論文が掲載された書物の企画は、北岡伸一教授の還暦記念であり、北岡伸一監修《歴史のなかの日本政治》シリーズ全六巻のうちの第一巻である。いつの間にか五〇歳となり年齢相応に学内行政に追いまくられ、政党研究から遠ざかりつつあった自分にとって、本企画と研究会への参画は、誠に有難い機会であった。と同時に裁判所研究の時点から関心のあった法曹政治家・花井卓蔵について正面から考えてみることを決意した。花井も終始小政党に所属した政治家であり、これまでの研究の延長上で考えることが出来る。そんな思いから花井の『争鹿記』などの著作に着目し、論文構想を研究会で報告した。

その際ご出席頂いた北岡教授から励ましのお言葉及び他の政治家と花井との比較の重要性に関するコメントをいただいた。その結果模索の末、比較の対象として見出したのが田川大吉郎であり、両者の選挙・政党観を比較する論文が仕上がった。

歳月流れ、政党政治史研究へのお勧めを賜った北岡教授にこういう形で論文一篇を献ずることが出来たこと・長年気になっていた花井について、ともかくも研究をまとめることが出来たことは、いささか意を安んずる成果であった。なおこの論文については『史学雑誌』の回顧と展望で「シンプルな佳作」(『史学雑誌』一二四編五号、一五三頁)という望外のお褒めをいただいた事も有難く感じた。

その後は勤務先の大学院研究科長・学部長・二度目の研究科長と通算六年(二〇一五〜二〇年度)にわたり管理職を務め、学部改革等山積する懸案に追われ、不器用な自分としては学内行政・教育で手一杯となり到底研究に費やすエネルギーを見いだせなかった。還暦を過ぎた二〇年度末にようやく管理職から離れたが、「コロナ禍」で史料収集を行なうことに物理的な困難が生じていた。このままで大学教員としての定年を迎えることは、何よりも無念であり、せめてこれまでの論文を一書にまとめ、振り返るとともに今後の研究の糸口を見出すことを目的として本書の上梓を目論んだゆえんである。こうした持ち込み企画に温かく対応していただき、校正段階でも適切なご意見を賜り瀟洒な書物にまとめていただいた、現代図書の方々には深甚の感謝を申し上げる。

同時に三〇年以上、勤務を認めていただいた静岡県立大学国際関係学部という研究機関に、とりわけ長らく同僚として親しく政治史研究につき含蓄に富んだご教示・学問的刺激をあたえていただいた森山優教授に御礼を申し上げる。

大学教員としての定年は存在するが、研究者としての定年は存在しない。本書の人名索引の点検を手伝ってくれた妻・素芳美に今後もよろしくという意味で、本書を捧げたい。

二〇二四年　師走

鎌倉・名越にて　前山亮吉

<それ以外の議員名>

第六章

●キーパーソン

昭和会「三長老」

内田信也
望月圭介
山崎達之輔

＜昭和会所属議員名＞

第四章

●キーパーソン

第二章

●キーパーソン
田川大吉郎
花井卓蔵

第三章

●キーパーソン
床次竹二郎

＜政友本党所属議員・関係者名＞

な行

は行

ま行

や行

〈それ以外の議員名〉

あ行

か行

さ行

た行

衆議院議員人名索引（50 音順）

＜凡例＞

＊本文・註に登場する衆議院議員名を章別に収録した（別表・付録は収録しなかった）。

＊章のほぼすべてに登場する中心人物はキーパーソンとして最初に掲げ、個々のページ数は採録しなかった。

＊衆議院議員以外でも重要な役割を占める人名は収録し、括弧内に肩書を記した。

＊難読・紛らわしい読みの姓には、括弧内に読み方を示した。

＊『議会制度百年史　衆議院議員名鑑』（1990 年、衆参両院）』を参照した。

第一章

＜甲辰倶楽部所属議員名＞

あ行

か行

さ行

た行

■著者紹介

前山　亮吉（まえやま　りょうきち）

静岡県立大学国際関係学部教授
1960年　神奈川県鎌倉市に生まれる
立教大学法学部卒業
学習院大学大学院政治学研究科博士後期課程修了・博士（政治学）
1990年　立教大学法学部助手
1992年　静岡県立大学国際関係学部に奉職・現在に至る

主要著書（いずれも単著）
『近代日本の行政改革と裁判所』（1996年、信山社）
『静岡の政治　日本の政治』（2008年、静岡新聞社）

近代日本政党研究 ―「第三党」を軸に―

2025年　2月　14日　初版第1刷発行

著　者　前山 亮吉
発行者　池田 廣子
発行所　株式会社現代図書
〒252-0333　神奈川県相模原市南区東大沼2-21-4
TEL　042-765-6462　FAX　042-765-6465
振替　00200-4-5262
https://www.gendaitosho.co.jp/
発売元　株式会社星雲社（共同出版社・流通責任出版社）
〒112-0005　東京都文京区水道1-3-30
TEL　03-3868-3275　FAX　03-3868-6588
印刷・製本　株式会社アルキャスト

ISBN　978-4-434-35057-3　c3031
Printed in Japan